우리 병원에 딱 맞는 마케팅 전략

그 병원은 어떻게 초진 환자를 2배 늘렸을까

(개정판)

마케팅은 땅 따먹기다
그 병원은 어떻게 초진 환자를 2배 늘렸을까(개정판)

개정판 1쇄 인쇄 2025년 4월 24일
개정판 1쇄 발행 2025년 5월 9일

지은이 김정우

발행인 백유미 조영석
발행처 (주)라온아시아
주소 서울특별시 서초구 방배로180 스파크플러스 3F

등록 2016년 7월 5일 제 2016-000141호
전화 070-7600-8230   **팩스** 070-4754-2473

값 19,500원
ISBN 979-11-6958-186-8 (13320)

※ 라온북은 (주)라온아시아의 퍼스널 브랜드입니다.
※ 이 책은 저작권법에 따라 보호받는 저작물이므로 무단전재 및 복제를 금합니다.
※ 잘못된 책은 구입하신 서점에서 바꾸어 드립니다.

라온북은 독자 여러분의 소중한 원고를 기다리고 있습니다. (raonbook@raonasia.co.kr)

그 병원은 어떻게 초진환자를 2배 늘렸을까?

마케팅은 땅 따먹기다!

김정우 지음

최신 개정판

전격수록
2년 만에 300%
성장 실전 사례

20년 병원 마케팅 전문가가 알려주는
**필승 마케팅
핵심 전략 대공개**

RAON BOOK

프롤로그

진료 잘하는 것 못지않게 잘알리는 것도 중요하다

과거에 병원이 성공하기 위해서는 많은 광고비를 책정해야 했다. 현재 자리를 잡고 있는 각 진료과의 올드한 상위 브랜드들은 90년대와 2000년대 초중반까지 매월 1억 정도의 신문광고비를 지출한 곳이 대다수이다. 그러나 현재는 매월 1억 원씩 신문 광고를 집행하는 병원은 거의 찾아보기 어렵다. 인터넷이라는 새로운 영역의 등장으로 사람들에게 메시지를 전달할 수 있는 채널이 다양화된 것이다. 비용도 과거 신문광고보다 더 저렴하다. 이는 선배들이 이미 입지를 선점해 힘겨운 신규 병원들에게 매우 유리한 기회가 된다.

과거에 환자들은 신문광고를 보고 병원에 상담 전화를 걸었지만 이제는 신문광고를 보면 인터넷 검색을 해본다. 90년대를 넘어 2015년의 현재 사회는 개인 컴퓨터뿐 아니라 모두 한 손에 스마트폰을 쥐고 자유로이 검색을 하는 시대다. 아무리 신문광고를 많이 한 병원이어도 인터넷으로 검색해 아무것도 나오지 않는다면 한 번쯤 망설이게 되는 것이 요즘 환자의 심리이다. 그만큼 의사결정 구조가 바뀌었다. 그래서 많은 의사들이 블로그에 글을 올리고 홈페이지에 열심히 답글을 달고 있다.

홈페이지를 고객 친화적으로 설계하고 블로그에 글을 열심히 올려서 검색엔진에 병원 이름만 검색해도 소개글이 줄줄이 나오는 병원은 그렇지 않은 병원들과 확연히 차별된다. 홈페이지 상담부터 카카오톡 실시간 상담까지, 이러한 노력이 시장에서 먹히는 시대가 되었다. 1억 원의 돈이 없어도 자신의 병원을 제대로 알릴 수 있는 기회가 열린 것이며, 마음만 먹는다면 2년 안에 병원의 규모를 10배 성장시키는 것도 가능한 시대가 된 것이다.

한방 정신과로 성장하고 있는 H한의원의 경우 2012년만 하더라도 강남 본점 하나뿐이었다. 그러나 2015년 5월 현재는 15개의 지점이 있는 네트워크 병원으로 성장했다. 3년 동안 무려 10배 넘게 성장한 것이다. 이 H한의원을 네이버에 검색해보면 포스팅이 거의 도배가 되어 있다. 이것은 인터넷상의 광고 전략이 병원 성장에 매우 중요한 역할을 한다는 증거이다. 또한, 이는 경쟁 병원들이 궁금해하는 H한의원의 성장 비결이기도 하다.

나는 병원의 담당자들을 만날 때마다 이런 말을 하곤 한다.

"과감하게 인터넷 광고에 투자해서 병원의 이름을 알려라."

"지금 당장이라도 블로그를 만들어서 병원의 장점을 알려라."

지난 14년간 우리 회사는 컨설팅 회사로 출발하여 CRM[1]과 마케팅으로 사업을 확대해 왔다. 그 기간 동안 의료계에서 수많은 병원

---

[1] Customer Relationship Management : 기업이 고객과 관련된 내외부 자료를 분석·통합해 고객중심 자원을 극대화하고 이를 토대로 고객특성에 맞게 마케팅 활동을 계획, 지원, 평가하는 마케팅

을 컨설팅했는데, 늘 똑같은 말을 들었다.

"그럼 광고를 어떻게 하면 좋을까요?"

이 질문에 답하기 위해 우리는 몇 년에 걸쳐 인터넷으로 병원 브랜드를 효과적으로 알려 새로운 환자를 유입하는 방법을 연구하고 결과를 내었다.

그러나 이렇게 말하는 사람도 있다.

"누구나 블로그를 만들고 광고를 할 수는 있다. 하지만 누구나 성공하는 것은 아니다."

정말 그럴까? 우리는 이러한 의문에서 마케팅 사업을 시작하게 되었고, 누구나 마음만 먹으면 인터넷 마케팅을 통해 병원의 성장과 매출을 끌어올릴 수 있다고 확신하게 되었다. 실제로 인터넷 마케팅 사업을 시작하면서 수많은 광고업자를 만나보았다. 그리고 알게 된 사실은, 광고 회사들은 자신들이 잘 아는 영역 몇 가지를 제외하고는 다른 매체와 방법에 대해서 무지하다는 것이었다.

인터넷 매체는 무궁무진하다. 블로그, 카페, 지식 교류 서비스, 이미지, 동영상, 웹 문서, 배너, 키워드, 뉴스, SNS 등의 매체에 각 세부 항목으로 들어가면 더 많은 하위 매체가 나온다. 우리는 마케팅 사업을 시작한 초창기에 PC방을 3개월간 임대하여 30여명의 알바를 써서 인터넷을 검색하고, 검색 엔진들의 키워드 반응과 매체들의 역할을 분석했다. 각 미디어의 역할을 구체적으로 파악하기 위해서였다. 그 결과 매체들은 각각 기능이 다르다는 사실을 알게 되었다. 하지만 이런 사실을 모르는 병원들이 매체마다 다른 역할을 정확히 이해하지 못하고 카페 혹은 블로그 등 하나의 매체에 광고를 집중하다가 실패했다. 그리고 이 실패 경험으로 인해 인터넷 마케팅은 안 된다는 인식을 갖게 되었다.

목표가 보이지 않는 길을 가면 누구나 쉽게 지치기 마련이다. 그래서 바로 앞 고개만 넘으면 우리가 원하는 목표인데도 불구하고 포기하게 된다. 우리는 그렇게 포기한 병원들이 원하는 고지를 밟을 수 있도록 독려하기 위해서 이 책을 썼다. 각 매체의 역할을 정확하게 알면 우리 고객의 사례와 같은 괄목할 만한 성장이 어렵지 않다.

이 책은 마케팅을 통해 당신의 병원을 성장시킬 방법을 알려주는 동시에 어떻게 하면 마케팅을 효과적으로 할 수 있는지를 알려줄 것이다. 또한, 이 책은 마케팅에 대한 전혀 새로운 이야기를 들려줄 것이며 새로운 환자들이 당신의 병원으로 오도록 이끄는 기폭제가 될 것이다.

우리는 이 책을 쓰면서 여러분이 이 책의 마지막 장을 덮었을 때 현재에 만족하는 것이 아니라 10배, 20배 성장의 길을 꿈꾸며 당장이라도 인터넷 마케팅에 뛰어드는 모습을 상상한다. 모쪼록 이 책이 당신의 병원에 초진 환자가 넘쳐 고민이라는 말을 하게 하기를 기대한다.

저자 **김 정 우**

전면 개정판을 내며

잘 알려야 하는 방식의 변화와 진화

◐ 10년 동안의 변화와 변화되지 않은 것

책이 출판된 지 어느덧 10년이 흘렀다. 세월이 참 빠르다는 말을 실감하게 된다. 처음에 책을 냈던 순간의 기억이 생생한데 벌써 10년이 흘렀다는 것이 실감이 가지 않는다. 세월의 흐름 속에서 마케팅의 패턴도 변화가 되었다. 매체 환경에 상당한 변화가 있었다. 특히 가장 큰 변화는 10년이 지나도 변화가 없을 것 같았던 네이버의 독주 체제가 변하게 되었다. 네이버와 구글의 양강 체제가 형성되었다.

그리고 각 매체의 역할이 계속 바뀌고 있다. 초판을 낼 당시만 해도 검색 광고에 대한 회의가 만연하던 시기였는데 이제는 바이럴 광고에 대한 회의가 만연하다. 그래서 이번에는 반대의 관점으로 쓴 꼭지들이 있다. 그러나 변화되지 않은 것은 균형이라는 관점이다. 광고는 컨셉과 균형이라고 볼 수 있다. 그것을 얼마나 잘 실현하느냐가 중요할 뿐이다.

그동안 새롭게 변화된 관점들

초판을 쓸 당시와 다르게 변화된 것은 환자들의 콘텐츠 소비 방식의 변화가 가장 크다고 봐야 한다. 2015년의 소비자는 정보를 무비판적으로 수용하는 환자였다. 그래서 콘텐츠에 대한 강요(?)가 먹혔다고 봐야 한다. 그러나 2025년의 환자들은 보다 세련된 방식의 맹목적 소비를 선택하고 있다. 다시 말해서 기호가 바뀌었다. 콘텐츠를 텍스트에서 동적 라이브러리와 내용 및 디자인의 패턴으로 소비하는 경향이 바뀌고 있는 것이다. 그것은 코로나19 시대 이후에 미디어를 소비하는 방식에 대해서 극단적 변화가 있었기 때문이다. 그러나 아직도 여전히 과거 방식의 콘텐츠로 접근하는 의료기관이나 마케터들이 많다.

책에서 새로 담기는 내용들

개정판을 내기 위해 원고를 다시 살펴보니 기존의 내용에서 하나도 바뀌지 않은 것도 있고 새롭게 바뀌는 부분도 있다. 특히 콘텐츠에 대한 내용들이 대폭 수정이 필요했다. 우리가 10년 동안 변화된 콘텐츠를 보는 방식에 대한 이해를 담기 위해 노력했다. 그리고 매체를 선택하는 기준과 그 매체에 대한 균형을 어떻게 배분하느냐에 대한 것도 달라진 부분이다. 그리고 우리는 컨설팅 회사다 보니 환자와 상담 및 커뮤니케이션 하는 방법에서 우리의 진화된 교육 방식에 대한 것도 담으려고 노력했다.

그러나 변하지 않는 것은 새로운 매체에 대한 갈증이 모든 것을 해결해 주지 않고 언제나 기본적인 마케팅 패턴을 얼마나 잘 만들어 낼 수 있느냐가 더 중요하다는 원칙이다.

◐ 새로운 10년을 준비하며

　새로운 10년은 어찌 보면 새로운 세대에 대한 적응이라고 봐야 한다. 의료 시장에 발을 들인 지 20년이 넘는 시간이 흐른 뒤 돌이켜보니, 가장 중요한 핵심은 세대의 변화였다. 20년 전과 10년 전 그리고 현재 변화의 골자에는 세대의 변화가 가장 크게 자리를 잡고 있다는 것을 이해해야 한다. 향후 10년은 컨셉과 메시지의 일치 그리고 콘텐츠 정밀성의 시대라고 봐야 한다. 그리고 하나를 추가하자면 커뮤니케이션 방식의 변화에 민감해져야 한다는 것이다.

　기존에 책을 구매해서 읽어준 독자들에게 감사하며, 새로운 독자에게도 감사를 보낸다. 그리고 개정판 출판을 결정해 준 라온북에 감사를 전한다.

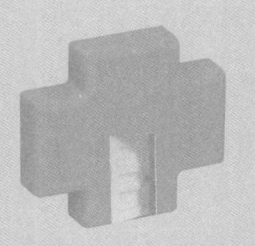

차 례

프롤로그	진료 잘하는 것 못지않게 잘 알리는 것이 더 중요하다	4
전면 개정판을 내며	잘 알려야 하는 방식의 변화와 진화	8

Chapter 1
왜 우리 병원은 초진환자가 늘지 않을까?

1. 초진환자 2배 증가, 꿈이 아니다   19
2. 망하는 병원의 마케팅에는 공통점이 있다   24
3. 환자들은 병원을 어떻게 선택할까?   30
4. 누가 나의 경쟁자인가?   34
5. 우리 병원 마케팅, 잘되고 있는 걸까?   38
6. 비용, 줄이는 것만이 최선은 아니다   43

Chapter. 2
실패하는 병원은 실패하는 마케팅을 한다

1. 어디에 광고해야 초진환자가 많이 올까?   51
2. 바이럴 마케팅만은 돈 낭비라고?   57
3. 환자들은 이제 치료 방법에도 관심이 생겼다   63
4. 다 안다는 원장의 착각이 마케팅을 망친다   68
5. 말 잘 듣는 광고회사는 병원의 적이다   73
6. 병원도 브랜딩이 필요하다   78

Chapter. 3
내 병원에 딱 맞는 마케팅을 해야 한다

1. 어떤 매체가 효과적일까?   87
2. 동네병원을 살리는 마케팅   94
3. 비급여 병원 마케팅1 : 대도시 중심가 병원   101
4. 비급여 병원 마케팅2 : 수도권 외곽과 중소도시 병원   106
5. 급여 병원 마케팅   111
6. 네트워크 병원과 프랜차이즈 병원 마케팅   118
7. 비급여 병원 마케팅3 : 메가 로컬 및 2차 진료 기관 마케팅   123

Chapter. 4
1등 병원은 어떻게 마케팅할까?

1. 환자들에게 어떤 병원으로 보일 것인가 133
2. 효과 있는 매체와 효과 없는 매체 139
3. 2등 병원은 잘 모르는 콘텐츠 설계의 비밀 144
4. 반드시 환자의 상담을 끌어내는 방법 150
5. 키워드 Push와 Pull의 믹스 전략 157
6. 시너지 협업의 진정한 의미 165

Chapter. 5
초진을 어떻게 재진으로 만들 것인가

1. 재진환자 2배 늘리기 173
2. 후기와 사진을 활용하라 179
3. 우리 병원을 찾은 환자는 과연 만족할까? 184
4. 환자가 까다로워진 것이 아니라 시대가 변한 것이다 190
5. 그 환자는 왜 진료 안받고 그냥 갔을까? 196
6. 어떻게 상담 성공율을 높일 것인가? 202
7. 재진 빌드업의 핵심 CRM 마케팅 207

Chapter. 6
2년 만에 3배 성장 실전 사례

1. 2년 만에 3배 성장 병원   215
2. 인하우스와의 바람직한 협업으로 140% 성장   221
3. 이전 개원 및 질환 플러스 전략으로 2배 성장   226
4. 광고보다 마케팅 전략으로 성공한 한방 병원   230
5. 영상으로 초진 달성한 로컬들   234

Chapter. 7
10년간 원장들이 한 최고의 질문

1. 병원 브랜딩이라는 것이 무엇인가요?   243
2. 어떻게 하면 우수한 직원을 채용할 수 있나요?   247
3. 초진이 늘었다가 다시 떨어지는 이유는 무엇인가요?   251

에필로그 | 다시 앞으로 5~10년 후의 병원 마케팅은
어떻게 달라져야 할까   256

Chapter. 1

왜 우리 병원은
초진환자가
늘지 않을까?

초진환자 2배 증가, 꿈이 아니다

위대한 병원이 되지 못하는 이유는 현재의 모습에 안주하기 때문이다. 어느 분야든 큰 기업으로, 큰 병원으로 성장하지 못하는 배경에는 '만족'이라는 단어가 도사리고 있다. 우리의 마음에는 현재에 안주하려는 그림자가 늘 따라다닌다. 작은 것에 만족하지 않고 더 큰 꿈을 꾸고 도전하는 사람만이 남과 다른 결과를 만들어낸다. 그리고 그들은 예외 없이 다른 사람과는 다른 목표를 가지고 있다.

G피부과 네트워크의 A대표원장은 본원을 개원하기 전에 주변의 원장들을 찾아다니면서 인사를 했다고 한다. 90년대 초반만 하더라도 그렇게 하는 것이 관례였던 모양이다. 여기서 A원장은 "네트워크 병원을 만들려고 합니다"라고 말했는데 인사를 받은 원장들은 그 말을 그냥 흘려 들었다고 한다. 그러나 A원장은 굴하지 않고 적극적으로 광고를 시도하고 내부 프로세스를 구체화했다. 그

덕에 네트워크 병원이라는 말이 흔하지 않던 그 시절, 서울에서 10개의 네트워크 병원을 단 몇 년 만에 이뤄내 주변을 놀라게 했다.

병원의 광고가 온전히 정리되지 않았던 90년대에 누구보다 먼저 과감하게 광고하고 네트워크를 넓혀 비용을 절감하여 브랜드 가치를 높인 것이다. 공격적인 마케팅을 통해 브랜드 가치는 물론 매출도 높인 성공적인 광고였다. "네트워크 병원을 만들려고 합니다"라는 말을 하고 다녔다는 점만 보아도 A원장은 처음부터 목표가 남달랐다는 것을 알 수 있다. 그렇다면, 남다른 목표를 갖는 병원은 무엇이 다른가?

나는 지난 23년 동안 기업을 경영하며 1,600여 권의 책을 꾸준히 읽어왔고, 프로젝트를 새로 시작할 때마다 그 분야의 책을 30~40여 권씩 읽으며 결과를 내기 위해 노력해왔다. 항상 연구하는 것만이 좋은 결과를 보장한다는 것을 알기 때문이다. 마찬가지로 책만이 아니라 고객을 연구하는 것도 중요하다. 예를 들어, 나는 컨설팅을 업으로 삼아오면서, 매번 컨설팅을 끝낼 때마다 들었던 한 질문 때문에 마케팅 사업을 시작하게 됐다.

"이제부터 우리 병원은 어떻게 마케팅을 해야 하죠?"

경영에 있어 마케팅은 핵심적인 요소이다. 나는 3년의 준비기간을 거쳐 병원 마케팅에 대한 연구에 들어갔고, 더불어 인터넷 영역에 대한 이해와 환자들의 병원 선택 기준과 심리에 대해서 테스트를 해나갔다. 이러한 과정들은 지난 10년간 40개 이상의 병원을 최소 2.5배 성장시키는 결과로 이어졌다.

이제는 주변 사람들이 "10년에 40개의 병원들을 2.5배 성장시킨 것이 사실인가?"라고 물어 오며 놀라워한다. 내가 짧은 시간에 이러한 결과물을 만들어낸 것처럼 마음먹기에 따라서 사람의 결심은 엄청난 힘을 발휘한다. 오늘 이 시간부터 다르게 생각해보라. 그리고 그 생각에 몰입하여 얻은 결과물을 실행에 옮겨보라. 그러면 다른 병원들이 보지 못하는 길에 환자들에게 선택받을 방법이 많다는 것을 알게 될 것이다.

우리의 광고주 병원들도 처음에는 작은 병원이었다. 그들은 자기 병원을 성공시키기로 결심했고 과감하게 투자했다. 그리고 그들 중 몇몇은 전과는 완전히 다른 병원으로 거듭나고 있다.

코비드19 중에 우리에게 상담 커뮤니케이션 교육을 받았던 한 실장이 지방의 다른 병원으로 옮기면서 전화를 해 왔다.

"제가 새로 병원을 옮기는데요. 전의 병원처럼 이 병원도 매출을 올릴 수 있게 도와주세요. 여기 원장님 정말 좋은 분이에요."

이것이 바로 B한의원과의 첫 만남이었다. 이 병원은 신경정신성 위장장애를 치료하는 한의원으로서는 독특한 방법으로 흔한 질환을 치료하는 한의원이다. 전화를 받고 이 한의원의 온라인 마케팅 현황에 대해 분석한 뒤 한의원과 미팅을 잡았다. 그리고 그 자리에서 마케팅을 할 때 고려해야 하는 세 가지 요소에 관해서 논의하기 시작했다.

B한의원은 위장장애라는 질병을 수년간 연구하여, 이 병을 치료할 수 있는 핵심적인 노하우를 가지고 있었고, 이를 통해 한방병원으로 성장하고 싶은 꿈을 가지고 있었다.

결국 이 한의원이 우리에게 한 질문은 "당신들의 전략은 무엇이 다른가?"였다. 우리는 원칙을 지키려고 노력한다. 마케팅을 성공하기 위해서는 알아야 할 게 다섯 가지가 있다. 첫째 나의 장점, 둘째 나의 약점, 셋째 경쟁자, 넷째 나의 차별점… 그리고 다섯째는 시장의 변화이다. 마케팅 교과서에나 나올 법한 내용이지만 실제 현실에서도 이것들을 분석하고 그 결과를 토대로 마케팅을 해야 한다.

    B한의원의 대표원장은 한방병원을 만들겠다는 결심을 하고 나서 3년 이상을 공부하고 임상을 했다. 위장장애의 한계를 극복하겠다는 일념으로 퇴근 후에는 무조건 서재에서 연구하고 한의원에서는 연구 내용을 적용하는 일을 게을리하지 않았다. 우리는 기존의 Pull 마케팅[1]의 문제점을 분석한 내용을 설명해주고 Push 마케팅[2]을 이용해 랜딩 페이지의 콘텐츠를 보강하는 데 집중 투자해야 한다는 것을 알려주었다.

    B한의원은 랜딩 페이지[3]를 오픈하고 키워드와 이미지 배너로 위장장애 치료 콘텐츠를 노출했다. 완성도 높은 랜딩 페이지는 하루 150만 명에게 노출되었다. 또한 검색 엔진에서 고객의 경로를 장악하고 있는 콘텐츠를 이용하자 초진환자가 늘기 시작했다.

    이후 매출은 상승했으며 수도권에 지점도 생겼다. 크로스미디어[4]와 고객지향적 콘텐츠 기법은 지방의 한 한의원을 3년 만에 매

---

1) 온라인 마케팅에서는 고객이 능동적으로 찾는 정보나 제품을 키워드 검색을 통해 노출시키는 방식의 마케팅을 뜻함
2) 특정 대상을 타깃으로 하는 것이 아니라 불특정 다수에게 노출되는 광고 광고 온라인의 배너 광고와 키워드 광고, 오프라인의 모든 광고는 여기 해당한다. Pull 광고 전략이라도 노출의 양이나 절대값이 높다면 Push 마케팅으로 볼 수 있다. 제조업에서는 일방적인 밀어붙이기 전략을 뜻하기도 함
3) 모든 정보를 담는 것이 아니라 하나의 주제에 대한 콘텐츠만 담아내는, 보다 전문적인 인상을 심어주기 위해 사용하는 상품 노출 페이지
4) 다양한 미디어를 활용한 마케팅 기법으로 여러 매체를 효과적으로 조합하는 기술

출 15배가 상승한 한의원으로 만들었다. 마케팅의 방법을 바꾸기 전 이 한의원은 위장장애를 진료하는 많은 의료기관 중 하나였지만 지금은 시장을 위협하는 한의원이 되었다. B한의원은 현재의 성공에 안주하지 않고 한방병원을 만들기 위해 노력하고 있다. 코로나19로 인해 건축 관련 비용이 급등하여 병원을 오픈하는 일정이 미뤄지고 있다.

B한의원의 사례에서 볼 수 있는 것처럼 확실한 진료 노하우가 있으면서도 마케팅에 대한 전반적인 이해가 부족하여 성공하지 못하는 병원들이 많다. B한의원은 진료 노하우와 과감한 마케팅으로 지속적인 성장을 이루었다. 그들은 예상보다 많은 매출이 발생하면 이를 다시 마케팅에 투자하여 브랜드 인지도를 높이는 일에 아낌이 없다. 그러나 상기해야 할 것은 모든 성공한 병원도 처음에는 작은 동네 의료기관에 불과했다는 것이다.

망하는 병원의 마케팅에는 공통점이 있다

2

'진료만 잘하면 환자는 저절로 온다. 마케팅은 대행사들이 잘 아니까 그들에게 맡기면 된다.'

혹시 이런 생각을 하고 있지는 않은가? 그렇다면 지금 당장 생각을 바꿔라. 진료만 잘하는 것이 아니라 소비 심리를 잘 알아야 최고가 될 수 있다.

요즘은 어떤 병원이든 인터넷 마케팅을 하지 않는 병원이 없다. 스마트폰 가입자 수가 무려 5,582만 명[1]이다. 누구나 인터넷을 손에 쥐고 걷는 시대. 의사들도 너나없이 블로그에 자신의 병원을 홍보하고 있다.

그런데 주변을 돌아보면 현실은 많이 다르다. 주변에서 인터넷 마케팅으로 성공했다고 하는 병원을 얼마나 보았는가? 누구나 인

---

1) 2024년 4월 기준 (출처 : 한국 갤럽)

터넷 마케팅을 하고 있지만, 인터넷 마케팅으로 성공했다는 병원은 없다. 영상 광고가 좋다고 해서 대행사에 맡겨 보았으나 별 효과가 없거나, 카페 마케팅이 효과가 있다고 해서 만들었는데 잘 운영되던 카페가 어느 날 갑자기 검색에 노출이 안 되는 경우도 많다. 아무리 해당 포털에 문의를 해봐도 원인을 모르다가 결국 대행사들이 카페가 '저품질'이 됐다는 말을 한다. 네이버는 자신들의 로직(logic)에 따라 블로그와 카페들 중 좋지 않은 곳을 저품질로 지정하는데, 이 경우 해당 블로그와 카페는 검색 시 노출에 제한을 받는다. 간혹 블로그만 저품질이 있는 줄 아는 사람도 있는데, 카페도 저품질이 된다.

이렇게 블로그나 카페로 마케팅을 하다가 저품질이 되면, 결국 지쳐서 하던 대로 하는 사람이 많다. 아무것도 하지 않게 되거나 키워드 관리만 좀 하게 되는 것이다.

그렇다면 어떤 병원이 인터넷 마케팅에 성공하고 어떤 병원이 인터넷 마케팅에 실패하는 것일까? 실패하는 병원의 특징을 살펴보면 다음과 같다.

첫째, 병원은 진료만 할 뿐 돈만 내면 대행사에서 다 해준다고 생각한다.

지식과 정보의 눈높이가 비슷하지 않을 때 커뮤니케이션에 많은 오류가 발생한다. 서로 눈만 마주쳐도 속마음을 알 수 있는 사이가 되려면 오랫동안 알고 지내는 것이 필요한데, 이것이 서로의 지식과 정보의 눈높이를 비슷하게 맞추는 과정이다. 의학에 대한 지식은 많지만 마케팅에 대한 이해가 부족한 병원, 마케팅에 대한 지식과 정보는 있지만 의학에 대해서 이해도가 낮은 대행사 간의 정보 불균형은 환자의 마음을 움직일 수 없다. 대행사의 마케팅 전략 또한 모두 다르기 때문에 그들의 전략이 무엇인지 병원이 이해해야 한다. 마케팅에 대한 이해가 높은 병원이 대행사의 전략효율을 잘 끌어올릴 수 있다.

둘째, 편중된 마케팅을 고수한다.

이 경우는 어설프게 마케팅을 알아서 발생한다. 주변의 성공한 병원에서 어떤 것을 하니 성공했다고 하는 말을 그대로 듣고 그것만을 고집하는 경우다. DBDataBase를 제공하는 CPA 방식[2]의 마케팅만을 선호해서 지속적으로 그 방식을 고집하다가 병원의 브랜드 가치가 떨어져 결국 저가 시술만 하게 된 병원을 숱하게 보았다. 이런 경우 반대 사례를 보여줘도 대행사의 말은 듣지 않고 고집을 피우는 병원이 대다수다. 최대한 많은 대행사를 만나서 말을 듣되 마케팅 전체를 조망하고 진행해야 한다.

셋째, 예산을 미리 한정하고 마케팅을 하려고 한다.

"우리는 매출이 6,000만 원이니 600만 원만 가지고 마케팅을 할까 합니다."

이렇게 매출의 10퍼센트라는 가이드라인을 정해놓고 인터넷 마케팅에 접근하는 것도 옳지 않다. 매출의 10퍼센트가 정해진 금액이라는 발상은 어디서 나온 건지 모르겠다. 6,000만 원이니 600만 원을 쓰는 것이 아니라 600만 원을 쓰니 6,000만 원이 된 것이다. 그러면 더 많은 돈을 쓰면 더 많은 매출이 발생할 수 있는 것인

---

[2] 바이럴 또는 배너 마케터가 매체를 통해 장점을 부각하는 정보를 제공하고, 이에 관심을 가진 고객이 자발적으로 자신의 DB를 제공하면, 중간상이 이렇게 수집한 DB를 차액을 붙여 판매하는 방식이다.

데도 무조건 이 원칙을 고수하는 경우가 많다. 이런 경우에는 사실 다른 어떤 방법을 제시해도 소용이 없다. 때로는 네이버 클릭초이스에 상위 노출만 하면 된다고 생각해서 키워드 광고에 2,000만 원을 쓰는 병원도 있다. 하지만 이렇게 키워드로 푸시(Push)마케팅을 했는데 고객의 검색 경로에 해당 병원의 콘텐츠가 없다면 그 돈은 전부 날아간다.

2012년 12월 네이버의 검색 엔진 로직으로 발표된 리브라Libra 알고리즘[3]은 '천칭, 저울' 등을 뜻한다. 균형을 의미하는 것이다. 우리가 찾고자 하는 마케팅 방식이 바로 밸런스를 맞추는 것이다. 어차피 재벌 병원이 아닌 이상 마케팅 비용을 한정 없이 쓸 수는 없는 노릇이다. 이럴 경우 가장 중요한 것은 바로 균형을 잡아서 마케팅 예산을 배분하는 일이다.

우리 고객사인 S한의원은 부산에서 피부를 전문으로 진료하다가 서울에 올라와 고혈압과 당뇨를 전문으로 진료하게 된 병원이다. 부산에서 서울로 올라온 것도 대단한데 집중 진료 과목을 피부에서 성인병으로 변경한 것도 놀랄 일이다. 이 병원은 바이럴 마케팅에 대한 이해가 풍부했다. 그래서 병원 자체적으로 지식인, 카

---

3) 2012년 리브라(LIBRA) 알고리즘
2013년 다이나믹 서치(Dynamic Search) 알고리즘
2015년 C-Rank 알고리즘
2017년 Deep Intent Analysis 알고리즘
2018년 DIA Plus 알고리즘
2021년 VIEW 검색 알고리즘
2024년 VIEW 검색 알고리즘 폐지
네이버는 다양한 방식의 알고리즘 변화를 통해 발전해 왔다. 기존에 효율적이었던 마케팅 방식이라도, 알고리즘이 변화하면 새로운 방식에 적응해야 한다. 즉, 아무리 뛰어난 효율을 보였더라도 새로운 변화에 적응하지 못하면 무용지물이 되기 때문이다.

페, 블로그 등 모든 영역에서의 바이럴 마케팅을 소화하고 있었다. 하지만 그래도 환자가 많아지지 않아서 우리에게 상담을 요청했다. 우리는 효과적인 랜딩 페이지를 설계하고 이미지 배너를 최적화했다. 결과는 매우 만족스러웠다. 4개월 만에 하루 2~6개의 온라인 문의와 4~12건 정도의 전화 상담이 왔다. 매출은 당연히 오를 수밖에 없었다. 이처럼 우리의 역할은 균형을 잡아주는 것이다.

S한의원은 다음과 같은 성공할 수밖에 없는 특징을 가지고 있었다.

첫째, 마케팅에 대한 이해가 풍부하고 새로운 마케팅 기법에 대해서 열린 사고를 가지고 있다.

둘째, 자신들이 해야 할 분야와 도움받을 분야를 정확히 이해하고 있다.

셋째, 진료의 노하우를 가지고 있다.

3개 진료 분야(의과, 치과, 한의과)에서만 매년 4,800여 명의 의료인이 배출되는 현재의 경쟁 구도 속에서 진료 실력만으로 살아남는다는 것은 거의 불가능에 가깝다. 똑같이 인터넷 마케팅을 하고 있지만 이를 통해 병원을 홍보할 지식이 부족하다면 미래는 불투명하다. 하지만 아직 희망은 있다. 내가 봤을 때, 모든 요소를 균형 있게 마케팅하는 병원은 1퍼센트도 안 되기 때문이다.[4]

당신의 병원도 초진환자가 너무 많이 와서 걱정이라는 말을 하

---

4) 개정판을 작업하고 있는 2025년 3월 현재에도 수원의 한 지역 치과로부터 문의가 와서 분석한 결과, 그 지역 대부분의 경쟁자가 균형 있는 마케팅을 하지 못하고 있었다. 이는 병원의 불균형 마케팅 이슈가 여전히 유효함을 보여준다.

고 싶은가? 그렇다면 답은 하나다.

지금 당장 마케팅을 공부하고, 전략적인 마케팅을 시도하라.

초진환자의 유입률을 10배 이상 높이고 싶은가? 당신의 전문진료 과목에서 최고의 병원이 되고 싶은가? 네트워크 병원으로 성장하고 싶은가? 지방에서 서울로 이전 개원하여 성공하고 싶은가? 동네병원으로 안정적인 기틀을 확보하고 싶은가?

그렇다면 당신의 병원을 위해 딱 180일만 마음과 시간, 자금을 투자하라.

환자들은 병원을 어떻게 선택할까?

2000년의 환자들은 어떤 경로를 통해 병원을 선택했을까? 과거 환자들의 병원 결정 포인트를 이해하고 현재까지의 변화 과정을 돌아보는 것은 현대 마케팅을 결정하는 데 매우 중요하다.

지금은 인터넷이 없는 시절을 상상하기 어렵지만 2000년만 하더라도 인터넷이 활발하게 보급되기 이전이었다. 그 당시의 광고는 신문, 전단, 지하철, 버스, 잡지 광고가 전부였다. 오프라인 광고가 전부였다는 말이다.

그 시절 내로라하는 병원들은 신문 광고에 5천만 원에서 1억을 쓴다는 말이 돌았다. 의원급에서 분점 개설이 활발히 시작되던 시점이자 대형 네트워크 의원들의 출현이 본격화되던 때다. 이 당시 환자들은 대부분 인쇄 매체와 대중교통 광고에 의존해서 병원을 선택하거나 지인의 추천을 듣고 병원을 선택했다. 결국, 환자가 많아야 추천도 늘어나듯이 신문광고를 많이 하는 병원들이 소문도 많이 났다. 이 시기는 자본금이 적은 병원들이 쉽게 자리를 잡기가 어려웠다. 그 당시만 해도 작은 신규 병원이 오래된 역사를 가지고 있는 선배들을 이길 방법이 없었다. 선배들은 이미 자금력도 풍부하고 이기는 방법을 알고 있었기 때문이다. 그런 구도가 바뀌기 시작한 것은 검색 엔진이 출연하면서부터이다.

메일 서비스가 주요 사업이었던 '한메일'이 '다음'으로 사명을 변경하면서 본격적인 인터넷 기반의 광고 시장이 형성되기 시작했다. 물론 지금은 '네이버와 구글' 양강 구도[1]이지만, 다음이 라이코스를 인수하는 악수를 두기 전까지는 '다음' 천하였다. 검색 엔진 시장이 열리면서 오버추어라는 검색 회사가 국내에 진입했고 사람들은 곧 다음, 네이버, 야후 등 다양한 검색 엔진을 통해서 자신이 원하는 바를 검색하기 시작했다. 이것은 매우 큰 변화였다. 사람들이 신문광고만 보고 병원에 전화하거나 내원하지 않기 시작한 시점이다.

이것은 구매를 할 때 소비자들이 더 까다로워졌다는 것을 의미하는 동시에 병원을 선택하는 경로가 달라졌다는 것을 말해준다.

2000년대 중반에는 키워드와 지식인이 마케팅의 핵심 아이템이었다. 어떤 병원이든 키워드와 지식인을 잘 쓰면 쉽게 매출을 올릴 수 있었다. 물론 기존의 신문광고를 장악하던 메이저 의원들이 먼저 인터넷 광고 시장에 뛰어들었다. 늘 보면 그렇듯이 승리하던 곳이 늘 승리하는 이유는 정보를 누구보다 빨리 취득하고 빠르게 적용하기 때문이다. 그러나 비용적인 측면에서 오프라인 광고보

---

[1] 2024년 기준 검색 점유율은 네이버가 58%, 구글이 33%이다. 또한 2024년 기준으로 10~30대의 검색 점유율 역시 구글보다 네이버가 더 높다.

다 저렴한 인터넷 광고 시장은 신규 병원들에게 매우 좋은 기회를 제공하면서 기존의 의료 시장의 부를 뒤집기 시작했다. 이러한 패턴이 큰 폭으로 변화를 이룬 것은 스마트폰의 등장 이후다.

2007년 아이폰의 등장과 함께 스마트폰 열풍이 일어났다. 불과 1년여 만에 한국의 스마트폰 보급률은 500만 대가 되었고 2011년 4월을 기점으로 천만 대를 돌파했다. 그리고 2011년 12월부터는 스마트폰의 보급률이 2천만 대를 돌파하면서 국민의 40퍼센트 이상이 스마트폰을 사용하게 되었다.

초기 500만 명은 주로 얼리어답터(early adopter)층으로 소비 패턴의 전반을 바꾸기에는 연령대도 낮고 전체 소비자의 10퍼센트 수준이라 큰 폭의 변화를 만들어내지 못했다. 그러나 2010~2011년은 대부분의 사람이 소비 변화를 이끌기에 충분할 만큼 스마트폰을 소지하면서 구매 결정 자체가 변화하기 시작했다. 이런 변화는 조용히 일어나기 때문에 당시에는 바로 알기 어렵다. 그러나 이 시기부터 키워드 마케팅의 효율이 급격하게 떨어지기 시작했고 블로그의 숫자가 큰 폭으로 상승했다. 이것은 마케팅의 패턴이 변화됨을 나타내는 것이었다.

스마트폰의 보급으로 가장 달라진 것은 언제, 어디서나 인터넷에 접속할 수 있다는 점이다. 이것은 의료 소비자들이 더 오랜 시간 구매에 대해서 고민할 시간이 부여되었다는 의미다. 소비자들은 더 이상 과거의 단순한 패턴으로 병원을 선택하는 것이 아니다. 이제는 비교와 검토를 통해 어떤 곳이 좋은지 세밀하게 따져보고 결정한다. 때문에 명확한 차별화를 이루거나 고객의 까다로운 구매 의사결정을 넘어서는 새로운 방법이 필요하게 되었다.

"비용을 더 늘렸는데도 마케팅 효율은 점점 떨어져 갑니다."

대부분의 광고주와 첫 미팅 때 듣는 말이다. 앞서 말한 것과 같이 이제 키워드 하나로 승부를 볼 수 있는 시대가 지났다. 그런데 아직도 키워드 1위 노출을 고집하는 병원이 많다. 그런 병원의 마케팅 현황을 세부적으로 체크해보면 소비자의 경로를 전혀 인지하지 못하고 있음을 알 수 있다. 이런 경우 키워드 비용은 낭비되기 십상이다. 또 비용을 최대한 적게 들여서 시작해 놓고 효율이 나지 않는다며 점점 마케팅 비용을 더 줄이기도 한다.

모든 것은 그 역할에 맞게 배치되지 않으면 낭비되게 마련이다. 부족과 과잉의 경계를 찾는 것이 매우 중요하며 다양한 마케팅을 시도해야 한다. 그러려면 마케팅을 무조건 대행사에만 맡겨두지 말고 병원의 의료진도 마케팅에 관심을 가져야 한다.

한동안 우리의 슬로건은 '환자의 검색 경로를 분석하는 사람들'이었다. 이 책을 읽고 있는 당신은 어떤가? 당신의 꿈을 이루기 위해 새로운 마케팅에 도전해보고 싶다면, 혼자서 고민만 하지 말고 자기 병원의 환자 경로를 탐색해보는 것은 어떨까?

누가 나의 경쟁자인가?

우리가 병원을 만나면 늘 하는 질문이 있다.

"경쟁 병원이 어디인가요?"

그러면 대부분은 이렇게 말한다.

"글쎄요. 별로 생각해본 적 없는데... 이 근처 병원이 다 경쟁 병원 아닐까요?" 혹은 "우리와 같은 진료를 하는 병원은 모두 경쟁 병원이죠."

이렇게 경쟁 병원을 모르면 갑자기 환자가 줄어도 이유가 뭔지 알 수가 없다. "그냥 경기가 좋지 않은 건지 다른 병원도 다 힘들다고 하네요." 하며 말이다.

여기서 다른 병원은 인근의 경쟁 병원이 아니라 내가 아는 선배, 친구, 후배의 병원이다. 근처의 병원에 가볼 수 없으니 환자가 많은지 적은지도 알 수가 없다. 그러니 판세를 읽을 수 없고 결국 경기 탓만 하게 된다.

병원의 매출이 줄어드는 데는 여러 가지 원인이 있을 수 있다. 물론 경기의 영향도 있을 수 있지만, 소비 위축을 야기하는 사건이 발생하면 반드시 뉴스에 보도된다. 그리고 몇 년 동안 병원을 경영해왔다면 계절에 따른 매출 추이나 성수기와 비성수기 정도는 이미 파악하고 있을 것이다. 그런데 이런 것과 전혀 관계없이 새로운 환자가 줄어들고 있다면, 그건 분명 당신을 만나러 와야 하는 초진환자가 다른 곳으로 가고 있다는 뜻이다.

"그건 마케팅의 문제가 아닐까요? 마케팅 회사가 잘 해준다면 그럴 일이 없을 텐데요."

맞는 말이다. 하지만 귀 병원은 마케팅 비용을 지난달이나 이번 달이나 똑같이 쓰는데, 경쟁 병원은 갑자기 10배의 돈을 쓴다고 생각해보자. 그래도 마케팅의 문제일까? 상대방이 미사일로 싸우는데 내가 창검으로 맞서면 이길 수 없듯이 우선 상대방이 무슨 무기를 들고 싸우고 있는지를 알아야 대비가 가능하다. 하물며 경쟁자가 누군지도 모른다면 그야말로 장님 코끼리 만지기가 아닐 수 없다.

"도대체 경쟁 병원을 어떻게 알 수 있나요?"

이런 질문을 하는 병원을 위해, 환자 입장에서 바라보는 경쟁 병원을 어떻게 알 수 있는지 그 방법을 알려주고자 한다.

사람들이 병원을 검색하는 데는 4단계를 거치게 되는데, 다음과 같다. 이것은 모든 검색 엔진에서 동일하게 작동한다.

1단계. 증상 및 니즈를 검색한다.
2단계. 확인된 질환명 및 시술명을 검색한다.

3단계. 환자가 정한 지역에서 해당 질환이나 시술하는 병원을 찾는다.
4단계. 병원 이름으로 검색한다.

이 4단계에서 경쟁 병원을 확인할 수 있는 단계는 2단계나 3단계이다. 질환의 특성상 해당 질환을 진료하는 병원이 많이 없다면 지역 단위가 아니라 시술명으로 노출을 할 것이고, 시술하는 병원이 많고 환자가 많은 경우라면 지역으로 노출을 하고 있을 것이다. 네이버에서 질환명을 검색해보거나 지역명+ 질환명을 검색해보면 바로 알 수 있다.

자신의 병원이 있는 지역 인근 병원 중 검색 결과에 자주 노출되는 곳이 바로 귀하의 경쟁 병원이다. 어떤 시술명의 경우 카테고리별로 10개 이상의 콘텐츠가 한 페이지에 노출이 되는데, 그 중 5~6개씩 콘텐츠를 노출하는 병원이 있다. 이런 병원은 경쟁에서 우위를 점하고 있는 것이고 바로 이 병원이 당신에게 올 수도 있었던 환자를 가로채는 병원이다.

당신의 병원이 '이명(耳鳴)'을 진료한다고 예를 들어보자. 네이버에서 '이명'을 검색해 블로그 영역을 확인해보면 전국의 모든 병원이 다 나온다. 이번에는 '강남 이명'이라고 쳐보자. 그러면 강남에서 이명을 진료하는 병원이 나온다. 다시 '청주 이명'을 쳐보면 청주에서 진료하는 병원이 나온다. 이렇게 검색을 해보면 경쟁자를 알 수 있다.

이 검색에서 나온 병원들의 이름을 네이버에 다시 검색하면 그들이 얼마나 많은 콘텐츠를 노출하고 광고하고 있는지 알 수 있다.

마케팅을 많이 해본 경험이 있는 사람들은 대략적인 마케팅 규모도 예측할 수 있다.

이제 자신의 병원을 검색해보자. 경쟁 병원보다 콘텐츠가 많이 노출되는가? 아니면 그것보다 적은가? 블로그에는 노출되지만 카페와 지식인에는 노출되지 않는가?[1] 만약 모두 부정적인 답이 나왔다면, 그만큼 당신 병원에 올 환자가 다른 병원으로 가고 있다는 뜻이다. 경쟁 병원보다 잘하지 않으면 도태된다는 것을 알아야 한다.

이제 병원을 알리기 위해 블로그나 홈페이지에 글을 써라. '과연 효과가 있을까?'라는 의심은 접어두라. 경쟁 병원보다 먼저 초진환자가 지나가는 인터넷의 길목을 장악하자.

---

1) 구글에서 검색할 경우 네이버와는 다른 방식으로 작동하지만, 노출이 가능한 콘텐츠 페이지는 존재한다. 콘텐츠의 형태는 블로그일 수도 있고, 웹페이지일 수도 있으며, 때로는 기사일 수도 있다.

우리 병원 마케팅, 잘 되고 있는 걸까?

5

우리에게 마케팅을 의뢰하는 병원 대부분은 이런 질문을 한다.
"우리 병원이 마케팅을 제대로 하고 있는 건가요?"

우리는 프로젝트를 제안할 때 항상 해당 병원의 현재 마케팅 상태를 진단한 후 제안을 하는데, 광고주들은 항상 이런 질문을 한다. 홈페이지를 통해 문의하는 경우에도 마찬가지다. 이는 병원들이 마케팅에 대한 이해가 얼마나 부족한지를 보여주는 것이다.

사실 이 질문은 '마케팅 회사에 맡겨놓은 우리 마케팅 좀 찾아주세요.'라는 말과 같다. 아무것도 모르고 마케팅 회사에 맡겨놓은 채 무조건 매출만 측정한다든지, 어떻게 마케팅을 하는지도 모르고 환자가 적다고 불평하는 것도 모두 같은 원인에서 발생한다. '전문가' 수준으로 알 수는 없더라도, 어떤 방식으로 마케팅이 이루어지는지에 대해서는 정확하게 알아야 한다.

마케팅 회사의 전략과 예산 배분을 모르는 상태에서 그 회사의 마케팅 품질과 실력을 말할 수는 없다. 지금 설명하고자 하는 것은 다른 회사의 마케팅을 폄하하거나 문제가 있다고 지적하는 것이 아니다. 마케팅 회사가 환자의 접근 경로에 얼마만큼 노출되어 있는지를 알아보는 방법, 마케팅 회사의 현 위치를 파악하는 방법을 말하려는 것이다.

앞장에서 설명한 것처럼, 환자의 검색은 4단계를 거치게 된다.

1단계. 증상 및 니즈를 검색한다.
2단계. 확인된 질환명 및 시술명을 검색한다.
3단계. 환자가 정한 지역에서 해당 질환이나 시술을 하는 병원을 찾는다.
4단계. 병원 이름으로 검색한다.

이 4단계 중 경쟁이 밀집되고 마케팅 비용이 많이 들어가는 단계는 2단계이다. 2단계의 경우에는 메인 시술의 이름이나 수술의 이름이 들어가게 된다. 파워블로거[1]들의 경우 메인 시술명으로 작성한 포스팅을 한 달 동안 1페이지에 노출하겠다는 약속을 하고 적게는 50만 원에서 많게는 200만 원을 받는다. 얼마나 경쟁이 치열한지를 말해주는 것이다. 돈이 넘쳐난다면 모를까 이렇게 노출하는 것은 쉬운 일이 아니다.

3단계는 상대적으로 한 지역에 국한된 병원들이 경쟁을 하게 되므로 2단계보다 경쟁이 치열하지는 않다. 2단계가 전국을 대상

---

1) 지금은 용어가 바뀌는 추세지만, 쉽게 이해하도록 기존 용어를 그대로 유지했다. 여기에서 말하는 방식은 주로 지수가 높은 바이럴 콘텐츠 페이지의 광고로 이해하면 된다. 빠른 이해를 돕기 위해 용어를 바꾸지는 않았다. 블로그 계정을 빌려서 포스팅하는 모든 유형이 여기에 포함된다.

으로 싸우는 것이라면 3단계는 지역 경쟁자들과의 다툼이다.

4단계의 경우에는 경쟁이 없다. 우리 병원의 이름으로 다른 병원이 마케팅을 하지는 않을 테니 말이다. 그러나 간혹 이름이 독창적이지 않은 경우가 문제가 되기도 한다. 예를 들어 '동안 피부과'라는 병원이 있다고 하면 이 경우에는 매우 마케팅을 하기 난감하다. '동안'이라는 단어는 어느 병원이나 쓸 수 있는 단어이기 때문에 인터넷에 검색하면 다른 병원의 이름이 도배되어 있을 수 있다. 그래서 병원의 이름은 신중하게 만들어야 한다. 너무 유행을 타거나 다른 병원의 이름 앞에 붙을 수 있는 이름은 곤란하다.

예를 들어 경쟁 병원이 '동안 얼굴 연세OO피부과' 이렇게 마케팅을 한다면 환자가 '동안 피부과'로 검색해도 우리 병원이 아닌 이 병원의 정보가 먼저 나올 수 있다. 이런 이유로 병원과 마케팅 미팅을 진행할 때 "병원 이름을 바꾸셔야 합니다"라고 하면 소위 '멘붕'에 빠지는 경우를 종종 보게 된다.

'꼭 병원의 이름을 바꾸어야 할까?'

이렇게 생각된다면 한번 고민해보라. '내가 마케팅 비용을 들여서 다른 병원을 홍보해 주고 있는 거라면?' 기껏 내 이름을 알리려고 마케팅을 했는데, 정작 환자들이 다른 병원의 정보를 먼저 보게 된다면? 그건 결국 내가 다른 병원의 마케팅을 도와주고 있는 꼴이다.

이제 간단하게 검색해볼 수 있는 방법을 실행해보자.

우선 네이버에 들어간다. 우리가 네이버를 중심으로 설명하는 이유는 네이버가 국내 검색 엔진 시장의 50퍼센트 이상을 차지하고 있기 때문이다.

이제 네이버에서 당신의 병원 이름을 쳐보자. 그리고 통합 검색 페이지에서 당신의 병원이 얼마나 많이 노출되는지를 살펴보자. 얼마나 나오는가?

네이버에서 병원 이름을 검색하면 이름에 따라 차이가 있지만, 사이트, 웹문서, 블로그, 지도, 뉴스, 동영상, 지식백과, 카페, 지식인, 이미지 등에서 검색 결과가 나온다. 물론 순서는 병원에 따라 차이가 있을 수 있다. 네이버의 서비스는 블로그, 지식인, 카페, 이미지, 동영상, 어학사전, 뉴스, 인플루언서, 숏텐츠, 지식백과, 쇼핑, 지도, 도서, 학술정보 등이 있다. 이 중에서 우리가 노려야 할 것은 블로그, 이미지, 동영상, 카페, 지식인, 웹문서, 뉴스 등이다.

병원의 이름을 검색을 한 후 위의 총 10개의 영역에서 얼마나 노출되고 있는지를 살펴보아야 한다. 이 중에서 가장 중요한 것은 지도이다. 네이버의 카테고리에는 포함되지 않지만, 플레이스라는 이름으로 노출되는 곳을 말한다.[2] 그다음은 메인이 되는 블로그, 지식인, 카페는 더욱 중점적으로 봐야 한다. 이 영역에 당신의 병원이 어떻게 알려지고 있는지 콘텐츠의 양은 얼마나 되는지를 잘 살펴보면 환자들이 당신의 병원을 어떻게, 얼마나 알고 있는지를 알 수가 있다.

만약 나오는 내용이 거의 없다면 최악이고, 다른 병원들이 섞여서 나온다면 병원 이름을 바꾸든가[3] 혹은 마케팅용으로 병원의

---

2) 이 방식은 지역명을 기반으로 경쟁할 때에만 효과적이며, 질환명을 기반으로 경쟁할 경우 네이버 플레이스 노출 효과는 상대적으로 떨어진다. 물론 노출이 된다면 좋지만 지속 가능성이 떨어진다.

3) 병원명을 바꾸라고 하면 매우 어렵게 받아들이곤 하는데, 광고 효과가 전혀 없는 상태를 지속하는 것보다는 병원명을 바꾸는 것이 훨씬 좋은 선택이다. 다만, 변경 과정에서 사

이름을 어떻게 포장할 것인지를 생각해봐야 한다.

대부분의 병원은 블로그에만 노출이 되거나, 카페에만 노출이 많고 지식인에는 아예 내용이 없는 것처럼 정보 노출이 특정 영역에 편중되는 경우가 많다. 바로 여기에 마케팅 전략의 핵심이 있다.

보다 분명하게 병원의 마케팅 현황을 측정하기 위해서는 먼저 자신들이 예산을 얼마나 투자하고 있는지를 상기해보아야 한다. 만약 직원이 포스팅을 하고 있다면 그도 자원이고 마케팅 회사에 비용을 쓰고 있다면 그것도 자원이다.

마케팅은 결국 땅따먹기와 같다. 만약 홈페이지나 랜딩 페이지와 같은 콘텐츠를 잘 만들어놓았다면 그다음은 검색엔진 검색에서 더 많은 노출이 되도록 해야 한다. 과거에는 얼마나 많은 신문 지면에 노출이 되는가가 중요했다면 이제는 얼마나 많은 인터넷 공간에 자신을 노출하는가가 중요하다. 단, 이러한 노출은 정확히 고객의 검색 경로 상에 위치해야 한다. 엉뚱한 곳에 광고하면 아무도 보지 않는다.

앞서 말한 소비자의 4단계의 검색 패턴과 병원 이름으로 검색어를 구성해서, 네이버 각 영역에 얼마나 노출이 이루어지고 있는지 확인해보면 그동안 얼마나 많은 비용을 낭비하고 있었는지, 또 현재 당신 병원의 위치는 어디인지를 실감하게 된다. 그 영역에 다른 병원의 콘텐츠가 더 많이 노출되어 있다면 분발해야 한다.

전 준비를 철저히 해야만 한다.

비용, 줄이는 것만이 최선은 아니다

강남의 어떤 한의원에 내원했을 때 들은 이야기다. 마케팅 비용으로 400만 원을 쓰다가 지금은 600만 원을 쓰는데도 매출은 오히려 줄어들고 있다는 것이다. 왜 마케팅 비용을 늘리는데도 매출은 오히려 줄어들고 있을까?

원인은 세 가지로 생각할 수 있다. 첫째, 지역에 진료 과목이 같은 경쟁 병원이 더 많은 돈으로 마케팅을 하는 경우. 둘째, 우리 병원의 홈페이지에 있는 콘텐츠가 환자를 설득할 수 없는 경우. 셋째, 급작스러운 경쟁으로 인해 마케팅 단가가 올라간 경우이다.

환자들이 병원에 오기 전까지는 모든 판단을 웹을 통해 할 수밖에 없다. 그런데 홈페이지가 없거나 부실하다면 선택의 대상에서 당연히 제외된다. 부실한가 아닌가에 대한 비교 기준은 경쟁자의 홈페이지이다. 경쟁 병원들의 홈페이지와 당신 병원의 홈페이지를 잘 비교해보라. 만약 당신 병원의 홈페이지가 더 수준이 떨어진다면 마케팅 비용은 당연히 낭비된 것이다. 기껏 고객들을 홈페이지까지 오게 해놓고 그냥 놓쳐버리는 것이다.

    첫째와 셋째 원인은 어찌 보면 비슷할 수 있는데 두 가지를 나눈 이유는 매체에 따라서 양상이 조금 다르기 때문이다. 셋째 원인의 경우는 키워드 광고를 말하는데 지속적으로 의사가 배출되는 현재 시점에서는 키워드 광고의 경쟁도 심해지기 마련이다.

    고객사인 한의원의 사례인데, 2023년 5월 이 업체는 주요 경쟁 한의원 세 곳과 메인 키워드 몇 개를 놓고 경쟁이 붙었다. 서로 1위에 자신들 업체를 올리려고 경쟁을 하게 되었고 각 키워드의 단가가 하루에 1,500원씩 올라서 10일 만에 15,000원이 올랐다. 12,000원이었던 키워드가 27,000원이 된 것이다. 키워드의 단가는 이렇게 지속적으로 올라가게 된다. 가격이 오른다는 것은 효율이 떨어진다는 것을 의미한다. 네이버는 과거의 키워드 단가를 알려주지 않는다. 이것은 매우 위험하다. 배팅의 방식을 통해서 네이버는 돈을 벌고 있지만 참여하는 사람들 간의 경쟁은 계속 가열되기만 한다. 과거의 키워드 단가를 보여주지 않음으로써 더 많은 경쟁에 무감각해지게 될 수 있다. 그러나 어쩔 수 있겠는가? '슈퍼갑'은 네이버이다. 이렇게 네이버의 영향력에서 벗어나려면 자체적인 콘텐츠를 키워야 한다. 그 비법은 6장에서 상세하게 설명하겠다.

    2023년 6월, 강남의 피부과에는 비상이 걸렸다. 이 피부과는 우리의 고객사로 블로그 마케팅을 진행하고 있었다. 3개의 블로그를 운영하고 있었는데 어쩐 일인지 급격하게 문의와 내원 수가 줄어들었다. 병원은 난리가 났고 우리도 급하게 분석에 들어갔다.

원인을 살펴본 결과, 인근에 있던 네트워크 피부과가 매우 강하게 마케팅 전략을 시행하고 있었다. 서울에만 8개 지점을 가지고 있는 이 네트워크 피부과는 '강남 피부과'라고 검색하면 8개 지점 중 4개 지점이 나온다. 서울의 각 지점이 키워드를 잡아서 키워드 도배에 들어간 것이다.

블로그 영역의 경우에도 대략 40~50개의 블로그를 구매한 것으로 보였다. 파워블로그는 아니지만 고품질 블로그를 대량 구매해서 블로그 도배도 진행한 것으로 보였다. 우리가 A피부과를 위해 잡고 있던 블로그들은 검색 순위에서 떨어졌고, 다음 블로그에는 민원까지 들어왔다. 키워드와 블로그를 강화해서 치고 들어 온 것이다.

이렇게 막대한 자금을 가지고 치고 들어오는 경우에는 아무리 우리의 전략이 나쁘지 않다고 하더라도 매출이 하락할 수밖에 없다. 또 이런 급격한 매출의 하락이나 초진의 하락뿐 아니라, 후에는 아무리 마케팅 비용을 늘려도 일정 이상 매출이 늘어나지 않는 패턴으로 이어진다. 그리고 마지막으로는 모르고 있던 사이에 마케팅 비용이 늘어나 있게 된다. 이러한 문제를 해결하기 위해서는 경쟁자들보다 더 효과적으로 고객의 검색 경로에 당신의 병원 콘텐츠를 노출시켜야 한다.

우선 경쟁자를 파악하는 것이 매우 중요하다. 대부분의 병원은 경쟁자를 신경 쓰지 않는다. 그러나 우리는 늘 경쟁을 하고 있다. 다만 그 경쟁이 인지 범위 안에 뚜렷이 보이지 않기 때문에 느끼지 못하는 것뿐이다.

코앞에서만 현실을 바라보는 사람과 위에서 아래로 세상을 내려다보고 있는 사람은 관점이 다르다. 코앞의 현실만 보고 있는 사람은 이런 질문을 한다. "도대체 마케팅 업체가 무엇을 잘못해서 이렇게 되었을까?" 영세한 업체들은 광고주와 마찬가지로 경쟁 상황을 보려고 하지 않는다. 또 새로운 업체를 만나도 경쟁에 대한 개념이 없다면 모두 마찬가지이다. 결국 자사 병원, 경쟁 병원, 초진환자 등 3각 구도에서 마케팅을 생각할 수 있어야 마케팅 전략을 제대로 세울 수 있다. 앞서 경쟁 병원에 대한 이야기를 했음에도 다시 한번 강조하는 이유는 광고주들이 경쟁 상황을 이해하려 하지 않기 때문이다. 판세를 읽지 못하면 왜 당하는지도 모른 채 피해를 입게 된다.

자, 이제 우리는 '병원, 초진환자, 마케팅'이라는 단순한 구도에서 '병원, 초진환자, 경쟁 병원, 경쟁 우위'라는 개념으로 관점을 전환하는 것에 대해서 알아보았다. 마케팅의 무엇이 잘못되어서 초진환자가 늘지 않는 것이 아니다. 당신이 어떤 경쟁력을 갖추어야 경쟁자보다 더 우위를 갖게 되고 초진환자에게 어필을 할 수 있는지를 생각해야 한다.

"마케팅을 하려면 얼마의 비용이 들어가나요?" 이런 질문을 하는 병원은 '병원, 초진환자, 마케팅'이라는 단순한 구조로 마케팅을 생각을 하는 것이다. 이 질문은 이렇게 바뀌어야 한다.

"우리 병원의 경쟁 대상은 ○○○병원인데 여기를 이기려면 어떻게 해야 하고 비용은 얼마나 들어갈까요?"

이 질문 속에는 명확한 목표가 들어가 있고 대상이 뚜렷하다.

이런 관점과 방향성 없이는 올바른 의사결정이 이루어질 수 없다. '최소비용 최대효과'는 희소성의 법칙에서 출발한 경제의 기본

원칙으로 효율적인 관점임에는 틀림이 없다. 그러나 마케팅과 경쟁에 대한 명확한 기준점이 없이 무조건 적은 비용만을 고집하다 보면 실패만을 맛보게 될 것이다. 정확하게 경쟁 대상을 인지하고 그 상대를 이기고자 노력하는 것은 매우 중요하다. 낭비를 줄여 고객의 정확한 경로와 매체를 선택할 때 상대적으로 적은 비용으로 마케팅에 성공할 수 있다.

오늘, 우리 병원의 마케팅은 어떠했는가? 단순히 기존 환자를 보고 고민만 하는 데 시간을 보내지는 않았는가?

당신의 병원을 위대하게 만들어주는 것은 돈이 아니라 주변(경쟁)을 돌아볼 줄 아는 현명함이다. 더 이상 마케팅에 대해서는 모르면서 업체에만 맡기지 마라. 조금만 노력하면 이제까지 보이지 않던 경쟁자도 알 수 있고 그들과 싸울 전략도 세울 수 있다. 소리 없이 당신의 초진환자를 빼앗아 가는 경쟁 대상을 두고 마케팅 탓만 하면 바뀌는 건 아무것도 없다. 시술과 지역을 기준으로 명확한 경쟁 대상을 구분하고 마케팅을 새로운 관점으로 바라보는 혜안을 가질 때 비로소 초진환자의 광맥이 터진다.

Chapter. 2

실패하는 병원은
실패하는 마케팅을 한다

어디에 광고해야 초진환자가 많이 올까?

과거에 X세대라는 말이 유행한 적이 있다. 새로운 세대를 지칭하는 말이었으나 이제 X세대는 중년이다. 모바일과 유튜브가 당연시되는 시대에 태어난 아이들은 신문을 보지 않고 모바일을 통해서 기사를 본다. 종이책을 보기보다는 유튜브를 더 선호한다. 그만큼 세대 간 차이가 커진 것이다.

꼭 어린 친구들뿐 아니라 이제는 연령대가 있는 세대들도 모두 스마트폰을 가지고 있어, 누구나 언제 어디서든 인터넷에 접속할 수 있는 환경이다. 이것은 정보에 접근하는 데 있어 장벽이 허물어졌다는 것을 의미한다. 공급자가 절대적인 정보를 점유하고 있던 시대에서 소비자가 정보를 취사선택하고 결정할 수 있는 시대로 변화된 것이다. 그런데도 불구하고 우리는 아직도 기존의 습성을 버리지 못하고 있다.

"어디에 광고를 해야 초진환자가 많이 늘어날까요?"

"환자를 많이 모을 수 있는 광고 매체가 뭔가요?"

"새로운 마케팅 방법은 없나요?"

이 모든 질문은 마케팅에 대한 이해 부족에서 발생하는 것이다. 어디에 광고를 하느냐, 초진 환자가 많이 보는 매체가 뭐냐, 새로운 마케팅 방법이 무엇이냐 모두 '채널'에 대한 이해 부족에서 나오는 말이다. 영업 활동을 할 때 우리는 노출하는 '채널'을 선택해야 한다. 그것이 2000년대까지 인쇄 매체였으며, 2010년대는 네이버 매체였고, 2020년대인 지금은 네이버+구글+유튜브+SNS로 다양해졌다.

그것은 결국 '우리가 광고하는 내용이 얼마나 많은 사람에게 도달될 것인가' 하는 의문에 대한 답이라고 할 수 있다. 그러나 환경에 따라서 '채널'의 역할이 변한다는 것을 이해할 필요가 있다. 예를 하나 들어보자.

우리 고객 중에서는 유튜브만으로 거의 대부분의 초진 환자를 모두 조달하는 광고주가 있다.[1] 그러나 모두가 유튜브로 성공을 하는 것일까? 그렇지 않다. 이렇게 유튜브로 성공하는 광고주의 경우 제일 많이 시청한 영상이 418만회이다. 그야말로 배너 광고의 Push 효과를 유튜브 채널로 모두 내고 있는 것이다. 그러나 이런 경우가 아니라면 모두 의미가 없는 것일까? 숫자는 적을지 몰라도 의료진의 얼굴을 사전에 알 수 있다는 콘텐츠적 의미에서는 적은 숫자의 유튜브 채널도 의미가 있다고 할 수 있다. 같은 채널이라도 역할이 달라진다는 것을 이해해야 한다. 조회수가 높은 유

---

[1] 2025년 3월 15일 기준 구독자 수가 68.4만 명이다.

튜브 채널을 가지고 있다면 배너 광고처럼 접촉 숫자를 늘리는 매체로서 활용을 해야 하므로 내용의 충실성보다는 영상의 길이가 짧을수록 유리하다. 그러나 영상 조회수가 적다면 콘텐츠의 충실성은 더 필요하다. 이는 환경에 따른 매체의 역할이 다르기 때문이다.

  2000년대 중반에는 비급여 진료과의 경우 온라인 마케팅 비용으로 성수기 때 300만 원, 비수기 때 800만 원을 쓰고도 매월 2억 원의 매출을 올렸다. 이는 당시 키워드 광고의 효율이 지금과 달랐기 때문인데, 키워드 단가가 저렴했으므로 효율이 더 좋았다. 그리고 지식인에서의 마케팅도 겸했었는데 이때는 네이버가 상업적 지식인 활동에 대해 강력하게 규제하기 전[2]이었다. 키워드 광고와 지식인만으로 성수기 때 300만 원을 써서 2억 원의 매출을 올리는 일은 지금은 거의 불가능한 일이다.

  2000년대 후반부터 2020년 이전까지 블로그 마케팅이 유행처럼 번지기 시작했다. 블로그 상위 노출을 위해서 수백만원을 아끼지 않는 마케팅 방식이 주도를 해 왔다. 네이버에서도 한 개인에게 기존 뉴스 미디어들과 견줄 만큼의 영역을 할당하고 공간을 부여하는 것이니만큼 광고의 효과도 뛰어날 수밖에 없었다. 이제 네이버는 블로그를 검색 상위에 노출하여 쉽게 돈을 버는 행위를 제한하고 있는데 그것은 병원 마케팅의 과열이 아니라 맛집 정보의 신

---

[2] 2010년대는 지식인에 대한 규제가 매우 강화되어 비용 효율이 좋지 않았으나 2025년 현재는 지식인의 효율이 매우 좋아졌다. 적은 비용으로 높은 효율을 볼 수 있는 매체로 변하였다. 이렇게 시대에 따라서 매체의 속성은 계속 변하게 된다.

뢰성 문제 때문이었다.

2010년대 초, 네이버에는 누적된 클레임이 쇄도했다. '블로그에서 상위 노출된 맛집 정보를 보고 찾아갔는데 해당 식당이 형편없었다'는 것이다. 이 내용은 언뜻 보면 참 황당하다. 블로그에 무엇을 쓰는지에 대해서는 네이버가 관여한 것이 아닌데 사용자들은 그것도 네이버의 책임이라고 인식한 것이다. 그래서 네이버는 고심 끝에 검색 엔진 로직의 변화를 지속적으로 발전시켜 왔다. 2012년 12월 '리브라' 알고리즘을 시작으로 2024년 View 알고리즘 폐지까지 7번의 큰 로직 변화가 있었다. 그 사이 블로그 활동을 하는 경쟁 의료기관들이 늘어나고 코로나를 거쳐서 콘텐츠 제약사들이 의료기관의 질환 시장에 OTC[3] 제품을 들고 덤벼들게 되었다. 그러니 블로그 시장 자체의 변화는 과장을 보태 새옹지마(塞翁之馬)라고 할 수 있다.

2010년대부터는 수술 병원을 중심으로 CPA 방식의 DB 구입이 성행하고 있다. 그런데 이런 방식은 병원이 고객들에게 인지될 가능성을 모두 없앤다는 문제가 있다. DB 구입에 500만 원 이상을 투자하고 바이럴 마케팅에 다시 1,000만 원을 투자할 병원은 많지 않다. 바이럴 마케팅에 투자하지 않아도 DB만 사서 콜영업을 하면 고객들이 오기 때문이다.

그러나 이러한 DB 구입의 한계는 병원의 이름으로 고객이 유입된 것이 아니라 가격을 보고 오는 경우가 많다는 데에 있다. 그리고 DB를 사는 데에 마케팅 비용을 쓰느라 인터넷에 병원을 알리는 비용에

---

3) Over-The-Counter : 일반 의약품

는 투자가 안 되니 시간이 지날수록 병원 이름을 보고 찾아오는 고객이 줄어들게 되는 것이다. 모든 경쟁은 효율이 낮아지는 결과를 낳게 된다. 고객은 한정되어 있는데 대부분의 병원들이 DB에 몰리면 한 사람의 DB에 여러 병원이 연결된다. 그러면 결국 가격은 점차 낮아지게 되고 이렇게 온 고객들은 충성도가 없으니 그냥 한 가지 수술이나 시술을 받으면 결별하게 된다. 그러나, 콜센터가 아주 잘 갖추어져 있고 CRM을 잘 운영하는 의료기관이라면 전혀 이야기는 달라진다. CPA가 초기 진입 장벽을 낮추는 효과가 있는 것만은 분명하다. 단지, 그것을 응대할 만한 시스템이 갖추어져 있지 않을 경우에는 아무런 효과가 없다고 한 것이다. 대부분의 의료기관들은 CEO들이 의료인이고 이들은 마케팅과 경영 및 시장에서 아웃플로의 영업 활동을 해본 경험이 적다. 그렇기 때문에 영업 로직의 핵심인 '채널'과 'Data'와 '매니지먼트'에 대한 이해가 부족할 수밖에 없다. 그렇다 보니 전체를 연결할 수 없는 한계에 부딪히게 되고, 마케팅은 '밸런스'가 무너져 효율이 나오지 않게 된다.

과거는 카페, 블로그, 지식인, 키워드 등 한 가지 방법을 집중해서 공략하면 매출이 나오던 시기가 있었다. 그러나 지금은 검색 엔진이 정해놓은 키워드를 제외하고, 그 어떤 상업적인 방법들도 한 가지의 방법으로 공략하기 어려워졌다.[4] 그래서 복합적인 마케팅 전략을 수립해 나아가지 못하면 결국 실패하게 된다. 그런데 이런 실패는 그냥 실패로 끝나는 것이 아니라 마케팅 무용론으로 관점

---

4) 키워드 광고를 한다면 바이럴 광고와 균형이 필요하고, CPA를 한다면 CRM과 반드시 균형이 잡힌 방식으로 진행이 되어야 효율이 높아진다.

을 전환시키면서 마케팅 비용을 줄이게 하고, 결국 고객들에게 병원을 알릴 수 있는 그나마의 기회도 상실하게 한다.

마케팅과 광고의 목표는 인지이다. 그런데 여기서 잊으면 안 되는 것이 있다. 고객은 절대 한 가지 매체만 보지 않는다는 것이다.

고객에게 유입경로를 묻는 경우가 요새는 많아졌다. 그러면 대부분 마지막에 본 것만 인지하기 때문에 정확하지 않다는 것을 이해해야 한다. 그것만 믿고 집중을 했다가 매출이 떨어지는 결과를 경험하는 의료기관이 생각보다 많다.5) 고객은 콘텐츠 경로에서 우리를 확인한 후 이름을 기억하게 된다. 우리는 지속적으로 사용성 테스트(Usability Test)를 수행하는데 평균 인지 횟수는 7회가 정점이다.

마케팅은 특정 매체를 선호하는 방식으로 해결되지 않는다. 매체라는 것은 환경과 조건에 따라서 속성이 달라진다. 앞서 언급한 것처럼 유튜브는 조회수에 따라서 역할이 달라진다. CPA를 한다면 CRM 로직의 우수성 여부에 따라서 효율과 효과의 지속성에 지대한 차이가 발생한다. 결국 매체에 대한 속성을 이해하고 얼마나 우리 의료기관에 잘 맞게 설계하느냐가 효율의 승부처라고 할 것이다.

유행을 좇지 말고 마케팅의 밸런스에 투자하라!

---

5) 유입 경로를 측정하는 것은 좋으나 이것은 매체의 효과를 단정해서 취사 선택하기 위한 도구라면 실패할 확률이 높아진다는 것을 알아야 한다. 우리 광고주의 경우인데, 유입 경로가 우리의 예상과 다른 경우가 있었다. 유입 경로에서 유입 키워드를 확인한 경우인데 통상적인 검색량보다 너무 많은 숫자 때문에 의아했다. 그래서 그 특정 키워드의 광고 비용을 증가시키고, 나머지 키워드의 비용을 낮추었는데 결과는 매출의 극단적인 하락을 경험했다. 나중에 해당 의료기관의 로직을 확인한 결과 유입 키워드를 물어보는 과정에서 특정 키워드를 선택하도록 유도된 경우로 확인되었다. 지나친 확신이 주는 부인할 수 없는 교훈이었다.

바이럴 마케팅만은 돈 낭비라고?

이 챕터는 새로 글을 적은 장이다. 새 원고다. 그러나, 기존 내용이 꼭 필요한 내용이라서 간단하게 먼저 요약을 한다.

일산의 피부과 한의원 광고를 진행하던 중이었는데, J 피부과 한의원 네트워크를 너무 닮고 싶어하는 원장이었다. 그래서 모든 것을 그 피부과에서 하는 방식대로 하려다 보니 광고도 그곳을 닮고 싶어했다. 우리는 계속 분석한 내용을 토대로 해서 반대 의견을 제시했다. 그러다 보니 광고를 오래 지속하지 못하고 그만두게 되었다.

그런데, 신기하게도 얼마 지나지 않고 일산의 그 원장이 오매불망하던 그 한방 피부과 네트워크에서 광고 문의가 왔다. 그래서 외부적으로 드러난 인터넷에서 분석을 하지 않고 계정을 로그인해서 분석을 해볼 수 있는 기회가 생겼다. 결과는 비용 낭비가 너무 심했다. 앞서 이야기한 바와 같이 비용은 한정된 것이다. 모든 의료기관은 한정된 자원을 가지고 마케팅을 한다. 그 자원 내에서 균형을 맞추는 것이 중요하다. 균형이라고 해서 무조건 키워드 33%, 바이럴 33%, 영상 33% 이런 말이 아니다. 노출 면적과 효율을 타진하여 채널의 매체 균형점을 맞추는 것이지, 비용 균형을 말하는 것이 아니다.

이 J 피부 한의원 네트워크의 경우에는 키워드 광고 비중이 바이럴 광고 비중의 균형점에 모자라도 너무 모자란 10%밖에 되지 않았다. 이럴 경우 무엇이 문제가 되는가 하면, 소구욕구가 높은 고객의 유인에 실패하는 결과를 낳게 된다. 키워드 광고는 소구욕구가 높은 시점에, 바이럴 광고는 비교 분석을 하는 시점에 접촉을 하는 채널이기 때문에 접촉 시기를 조절해야 하는 마케팅에서 볼 때 성공 확률이 떨어진다고 할 수 있겠다. 이럴 경우 키워드 광고와 바이럴 광고의 균형점을 찾아주는 것만으로도 효율은 좋아진다. 이렇게 한때 바이럴 마케팅만이 대세라는 논의가 집중되던 시점이 있었다. 우리는 그때도 밸런스가 중요하다는 논리를 주장했고, 그래서 이 챕터의 초판 제목은 '바이럴 마케팅이 대세라고?'였다.

이 시기를 지나서 바이럴 마케팅의 핵심인 블로그는 여러 과정을 거치게 된다. 기존에도 상위 노출은 쉬운 것이 아니었으나 지금은 너무 어려워졌다. 의료 기관에서 소유하고 있는 블로그 계정에 상위 노출을 하다가 경쟁이 심해져 어려워지면 최적화 계정을 빌려서 노출을 하기도 했다. 이른바 임대 블로그다. 이렇게 임대를 하여 장기간 포스팅을 하게 되면 계정을 팔기도 해서 산 경우도 더러 있었다. 그만큼 블로그 광고가 점점 어려워졌다. 그것은 파워

콘텐츠의 출현으로 이해를 할 수 있는데, 네이버가 수익이 되지 않는 블로그를 수익화 한 것으로 이해하면 된다. 그 과정에서 최적화 블로그를 숙청(?)하는 방식을 선택했다. 저품질의 대량 양산이라고 할 수 있다. 잘 키워놓은 블로그가 저품질이 되면 그야말로 눈앞이 캄캄해진다. 2012년 저품질의 태동이라고 할 수 있는 리브라 로직이 시작된 이래 우리는 의료 기관의 블로그를 운영하는 동안 3건의 문제가 발생하였다. 2건은 저품질이었고, 한 건은 해킹이었다. 해킹으로 인해서 사이버 수사대를 통해 범인을 잡기도 하였다. 그도 그럴 것이 우리 마케팅 담당자들은 저품질이라는 말을 세상에서 제일 싫어한다. 이렇게 블로그와의 전쟁을 하던 와중 2025년 핵폭탄이 투하된다.

 2025년 1월 전국의 보건소들은 블로그와 SNS에 대해서 대대적인 단속에 들어가겠다는 공문을 발송한다. 지역에 따라서 발송받지 못한 곳도 있다. 특히 경쟁이 치열한 곳들은 공문을 발송하지 않았다. 내용은 블로그, SNS를 발행할 때마다 심의를 받아야 한다는 취지였다. 우리는 이때부터 전국의 보건소 담당자들과 전화통을 붙들고 몇 날 며칠을 보내야 했다.

 우리의 광고주들도 혼란 그 자체였다. 블로그를 더 이상 포스팅하지 말고 유튜브로 가야한다는 고객들도 있었다.[1] 당장 포스팅 경쟁이 많이 줄었다는 것을 알 수 있었다. 2주 넘는 기간 동안 전국의 보건소 담당자들과 씨름을 한 결과는 다음과 같다.

---

1) 유튜브도 심의 대상이다. 유튜브로 넘어가면 다 해결된다는 생각은 오산이다.

1. 치료에 대한 내용이 들어가는 모든 것은 심의를 받아야 한다.
2. 치료에 대한 내용이 들어가는 모든 것은 포스팅 단위로 심의를 받아야 한다.
3. 원장 사진, 병원명, 전화번호는 허용된다.
4. 홈페이지 등의 링크는 허용하지 않는다.
5. 질환이나 시술에 대한 정보성 포스팅은 심의를 받지 않아도 된다.[2]

"이렇게 블로그 광고를 하는 것이 무슨 의미가 있나요?"
"이제 블로그는 하지 말고 다른 것에 집중해야겠어요"

정말 그럴까?

자, 이 사태가 벌어지고 나서 상당수의 의료기관은 더 이상 포스팅을 하지 않는 곳이 늘어나고 있다. 그렇다는 것은 일단 우리 블로그가 노출될 확률이 더 올라가고 있다는 것이다.

그리고 블로그라는 매체에 대한 이해를 할 필요가 있다. 우리는 과거보다 블로그를 보는 빈도가 줄어들었다. 그래서 무용하다고 보아야 할까?

사람들은 블로그를 아주 자세히 보지 않는다. 블로그는 자세히 보는 것이 아니라 느낌과 분위기를 보는 툴로 변화했다는 것을 인지할 필요가 있다.

2024년 연말 자녀와 성지순례를 떠난 우리 광고주가 있다. 원

---

[2] 다만, 이런 내용은 보건소 담당자마다 조금씩 차이가 있다.

장이 2달 자리를 비우는 동안 바이럴 광고를 중단하고 키워드 광고는 라이브 상태로 남겨 놓았다. 직원들은 병원에 있어서 상담과 예약이 가능했기 때문에 소구욕구가 높은 고객의 접촉은 남겨 놓은 것이다. 첫 1개월은 큰 차이가 없었으나 2번째 달의 문의는 많이 떨어졌고, 광고를 다시 시작한 3번째 달도 문의가 바로 복구되지 못했다. 바이럴 노출이 정상적으로 돌아오자 문의는 다시 복원되었다. 이것은 여전히 블로그의 효용을 증명하는 사례이다.

2020~2024년은 그야말로 바이럴 광고가 유용한가에 대한 이슈가 많았다. 수많은 광고주들이 비슷한 의견을 가지고 있었다. 초판을 낼 당시와는 너무 다른 분위기다. 코비드19의 시대를 지나면서 환자들의 매체(채널) 소비 성향이 바뀌는 것이다. 그러나 이렇게 바이럴 광고를 극단적으로 줄이는 사례들을 보면서 다시 깨닫게 되는 것은 채널의 속성이 바뀌어서 역할이 바뀔 뿐 중요성은 변하지 않는다는 것이다. 비용을 얼마나 투자해야 할 것인지의 배분이 바뀔 뿐이다.

그러나, 의료법의 변경에 따른 변화는 반드시 필요하다. 그래서 다음의 패턴을 잘 갖추어 가야 한다.

1) 의료 블로그라는 인식을 가질 수 있도록 칼럼처럼 변화해 갈 것
2) 가급적 상업적인 냄새를 줄일 것
3) 이미지 디자인의 성격은 세련되지만 화려하지 말 것 : 검이불루 화이불치(儉而不陋 華而不侈)[3]의 패턴

---

3) 검소하나 누추하지 않고 화려하나 사치스럽지 않다. 김부식과 정도전이 각각 백제와 조선의 건축 양식에 대해서 표현한 말로, 김부식이 창조한 표현인지 인용한 것인지는 정

블로그 매체는 일반 콘텐츠와 같지 않다는 것을 이해해야 한다. 블로그라는 것은 고급 광고판이 아니라 저렴한 광고판이다. 그 속성은 검색 엔진의 특성 때문이다. 노출의 기준이 포스팅 개수이기 때문에 영원히 블로그의 텍스트 고급화는 이루어지기 어렵다. 그러나 여전히 환자들이 참고하는 매체라는 것은 분명하다. 균형을 잘 맞추어서 채널을 활용한다면 마케팅 비용의 효율을 충분히 맞출 수 있는 매체이며, 우리가 주장하는 밸런스를 맞추어 내는 효율의 가치는 여전히 갖추고 있다.

효율이 높은 마케팅을 하기 위해서는 주변에서 이야기하는 내용에 끌려가기만 해서는 안된다. 자신의 광고 전략이 효과적인지 객관적으로 평가해 볼 일이다.

확치 않다.

환자들은 이제 치료 방법에도 관심이 생겼다

이번 챕터도 시대의 변화에 따라서 달라진 내용이 있어서 초판의 내용을 앞부분에 요약하도록 하겠다.

환자들은 치료 방법에는 별 관심이 없다.

간혹 지금도 특정 질환이나 시술에 관심이 있고 그 치료 방법을 크게 홍보하고 싶다고 연락이 오는 경우가 많다. '우리는 해독이나 사상체질을 홍보하여 그 분야에서 1위를 하고 싶다'는 식이다.

"얼마 전에 해독을 주제로 해서 EBS에 나가서 영상을 촬영했는데 전혀 효과가 없었어요."

"잘 아는 한의사 유튜버 채널에 가서 사상체질을 주제로 방송을 했는데 조회수는 잘 나왔거든요. 근데 초진 환자 유입 효과는 없었어요."

이 경우에 환자의 주 관심사와는 괴리가 생긴다. 이것은 환자의 검색 패턴을 통해서 알 수 있다. 환자들은 질환명으로 검색을 하는 경우가 많고 치료방법은 잘 모르기 때문에 검색량이 절대적으로 적다.

질환명인 고혈압의 한 달 검색량은 36,290건, 치료 방법인 사상체질은 3,890건, 해독은 2,600건, 해독치료는 30건이다. [1] 이렇게 치료 방법이라고 하는 프로토콜에 대해서 환자는 잘 모른다는 것을 알 수 있다. 자신의 삶 이외의 것은 관심의 정도가 떨어지게 마련이다. 환자와 상담을 하게 되면 처음에 물어본 것을 치료 중간에 다시 물어보는 경우가 생긴다. 이것은 다음 2가지를 알게 해 준다.

1) 우리 병원의 치료 방법이나 원장인 나의 시술 역량을 이해하고 선택한 것이 아니다.
2) 치료 방법이나 과정에 대해서 인지하는 것이 설명한 내용과 상관이 없을 수 있다.

이것은 우리가 환자의 의사 결정에 영향을 줄 수 있다는 것을 시사해 주고 있다. 뒷 챕터들에서 소개를 할 것인데, 상담 프로세스를 잘 설계하여 '환자의 진료 수락' 해킹이라는 개념이 가능하다는 것을 말해주는 증거라고 할 수 있다.

결국 이것은 치료 방법이나 과정을 키워드 광고의 핵심으로 가져갈 경우 위험하다는 것을 말해주고 있다.

시대의 변화가 만들어 놓은 치료 방법에 대한 관심

---

1) 2025년 3월 15일 기준 네이버 월간 검색량

1990~2000년대의 피부과 시장에서 피부 한의원의 시장은 없었다. 그 당시 피부과에서 여드름 치료를 위해서 레이저를 풀 세팅할 경우 15억 정도의 비용이 들었다. 메이저 피부과들은 장비와 마케팅을 앞세워서 여드름 시장을 장악했다. 그러다가 GP 의원들의 가격 파괴 전략이 성공하면서 경쟁이 가열되고 진료 실력의 편차에 의한 여드름 치료의 회의적인 시각이 환자들에게 대두되었다.

이때 시장을 파고든 것은 한방 여드름 시장 공략이다.

"피부를 고치기 위해서 속을 고쳐야 한다"

이 메시지는 아주 강력하게 시장에 인지가 되었다. 지금은 여드름 시장의 상당 부분이 한방 시장으로 넘어와 있는 상태다. 이렇게 강력한 하나의 메시지는 시장의 인식을 바꿀 수 있다.

이때 콘텐츠는 피부와 오장육부의 치료 연결에 대한 논리를 잘 세워서 집중한 것이 주효했다. 앞서 환자들은 치료 방법에는 관심이 없다고 했었는데, 그것은 엄밀히 말하면 관심의 과정에 대해서 어느 때에 치료 방법을 이야기해야 하는가에 달려있다. 이런 콘텐츠들은 주로 홈페이지에 담기게 되는데, 우리가 어떻게 해당 치료를 잘 하는지를 설득하는 메시지를 어떻게 설계하느냐, 그것을 보여줄 콘텐츠는 어떻게 구성되어 있느냐 하는 것에서 결판이 난다고 할 수 있다.

세기의 시작은 언제일까? 한 세기의 시작은 100년이 새로 시작되는 1월 1일의 시점이 아니다. 20세기의 시작은 1차 세계대전이고, 21세기의 시작은 코비드19라고 말한다. 마케팅에서 보자면, 사회적으로 집중되는 사건이 있으면 전체적인 소비 판도를 뒤집어 놓는 경우가 많다. 코비드19 시대 이전에 전조가 있었는데 바로 2015년의 메르스 사태이다. 이 책의 초판이 나오던 시점에 발생하였고, 2015년 12월 23일 종식이 선언되었다. 확진자 186명, 사망자 38명, 격리자 16,693명으로 당시 전염병에 대해서 충격적인 사회적 현상을 일으켰다.[2]

그러나 코비드19는 메르스와는 완전히 다른 전염병이었고, 모든 것의 패턴을 변화시키기에 충분했다. 마케팅에서 과거와 달라진 것은 콘텐츠를 소비하는 방식의 차이이다. 그것은 환자들의 의료기관 콘텐츠 소비 방식도 달라진 것을 의미한다. 과거에는 콘텐츠를 과하게 많은 양으로 승부하는 것이 매우 중요한 시점이 있었다. 유저가 홈페이지에 얼마나 머무는가를 측정하는 시간인 세션 타임(sessiontime)이 콘텐츠가 길수록 더 길어졌었던 시대가 'pre-코비드19'라면 콘텐츠가 압축적일수록 세션 타임이 더 길어지는 것이 'post-코비드19' 시대를 대변하는 소비성향이라고 볼 수 있다. 'post-코비드19'는 콘텐츠의 길이보다 압축성이 중요하다는 것은 얼마나 표현이 적확하고 심플한가를 나타내는 것이라고 보면 된다.

다음 장들에서 콘텐츠 설계와 방법에 대한 부분은 더 상세하게 나오겠지만, 여기서 말하고자 하는 것은 그 콘텐츠의 변화를 만들어 낼 수 있는 방향성에 대한 견지라고 할 수 있다. 우리는 무엇이 다르고 어떻게 다를 것인가에 대한 표현이 더 중요해졌다는 것을 이해해야 한다. 과거에는 치료 방법은 중요하지 않았다. 그리고 세밀하게 논리를 따지는 것은 소비자의 성향에 따라서 달랐다면, 시대적인 요구 사항에 우리의 콘텐츠가 맞추어져 있는가를 더 많

---

[2] 이것은 광고 시장에도 타격을 주었다. 사회적으로 큰 사건이 발생하면 광고 반응도가 둔화된다.

이 보게 되었다는 것이 무엇보다 달라진 점이다. 이것은 단순하게 우리가 치료 잘 하는 것을 세련되게 만드는 것과는 다른 것이다.

한 독서 모임에 가서 MZ 세대들이 하는 이야기를 보고 놀란 적이 있다. 요새 '지속 가능성'이라는 단어가 아주 많이 나온다. 이것은 환경과 지구에 대한 인식인데, 그 MZ세대의 말은 "저는 동물 보호를 적극적으로 하지는 않지만, 가죽 제품은 사용하지 않고 있어요. 그것이 내가 지속가능성에 참여하는 방식이에요."라는 내용이었다. 이 세대는 우리와 다르다는 것을 알게 된 시점이다. 필자는 독서 토론 모임에 자주 간다. 그곳에서는 직책과 배경도 없이 그냥 ○○○님이라고 부른다. 그래서 사회적 필요에 의해 말을 꺼리는 경우가 없이, 필터링 없는 솔직한 사람들을 만나게 된다. 그럴 때마다 내가 꼰대가 되었다는 것을 인식하게 된다. 이런 모임에서 나는 시대의 변화를 절감하고 시대에 맞는 마케팅 방법을 더 고민하게 된다.

이런 지속가능성을 치료 방법과 연결할 수 있는 논리가 있다면 MZ세대에게 선택에 있어서 더 많은 가산점이 부여될 것이다.

시대의 변화에 따라, 같은 내용이라도, 설득을 해야 하는 주체의 연령과 배경에 따라, 우리는 어떤 사람들이며, 어떤 방식으로 어떻게 치료한다는 설명은 달라질 수 있다. 그것을 잘 이해하고 접근한다면 마케팅의 효율은 분명히 달라질 수 있다. '치료 방법을 키워드 광고 단계에서 선택하는 것은 위험하지만, 콘텐츠에 잘 녹여낸다면 좋은 결과를 낼 수 있다.' 이것이 지난 10년간 치료 방법을 가지고 마케팅에 적용하는 중에 달라지지 않은 점과 달라진 점에 대한 것을 표현한 한 문장이다. 그래서 이 챕터의 이름은 과거와 다르게 '환자들은 이제 치료 방법에도 관심이 생겼다'이다.

다 안다는 원장의 착각이 병원을 망친다

4

우리 회사의 직원들은 한 달에 두 번 자체 워크숍에 참석한다. 한 번은 두 권의 책을 읽고 그 책에 대한 토론을 진행한다.[1] 이때 토론 대상이 되는 책들은 마케팅, 경영, 심리학, 인문학, 통계학 등 다양하다. 책은 주로 내가 선정하는데, 다양한 분야의 책 중에서 마케팅에 도움이 되는 책들을 선정한다.

가장 최근의 세미나에서는 《협상바이블》과 《목소리를 드릴게요》라는 두 책을 선정했다. 《협상바이블》은 류재언 변호사가 지은 책으로 협상과 관련된 의미 있는 내용들이 정리되어 있다. 이런 유형의 협상 관련 책들을 선정하는 이유는 의료 기관들의 상담 프로세스를 설계할 때 도움이 된다. 《목소리를 드릴게요》는 정세랑 작

---

[1] 요즘은 부서별로 진행 양상이 다르다. 적극적으로 진행하는 부서도 있고, 전혀 진행하지 않는 부서도 있다.

가의 소설로 젊은 작가인데, 이런 책은 세대의 변화와 시대의 변화를 읽는 데 도움이 되는 책이다.

또 한 번의 워크숍에서는 각자 자신이 관심 있는 분야의 강좌를 듣고 지식이 될 수 있는 내용에 대해서 발제하고 이를 업무와 실생활에 어떻게 적용하면 좋은지 토론한다. 이 두 번의 워크숍은 우리 회사의 역량을 키우는 중요한 가치를 가진다. 그리고 입사를 하면 회사에서 지정한 필독서 24권을 1년 내에 읽어야 한다. 그리고 그 내용에 대한 독후감을 제출해야 승진 및 인센티브 협상에 반영된다.

우리가 이렇게 끊임없이 학습과 성장에 시간과 노력, 그리고 리소스를 투자하는 이유는 인간의 의사결정 흐름과 패턴이 변화하기 때문이다. 마케팅이라고 하는 것은 작게 보면 시장을 만들어내고 매출을 올리는 행위이지만 길게 보면 나의 브랜드가 꾸준히 선택되기 위해 무엇을 해야 하는지에 대한 답을 찾는 과정이다. 차별화라는 것도 성장이 없이는 불가능한 것이므로 결국 마케터로 살아가기 위해서는 끊임없는 공부와 학습이 필수 불가결하다.

우리는 마케팅을 매우 진지하게 받아들이고 있다. 그리고 계속 새로운 기법과 사람의 관심과 초점을 연구하고 있다. 그럼에도 늘 최고의 성과를 만들어낼 수는 없다. 그것은 경쟁이 지속적으로 강화되기 때문이다. 작은 실패들은 늘 큰 성공을 만들어낼 수 있는 힌트를 내재하고 있기 때문에 우리는 실패를 두려워하지 않는다. 우리가 가장 경계하는 것은 우리가 알고 있는 것이 진리이고 그것

만이 최선이라는 자만심이다.[2]

 가끔 여러 가지 마케팅을 다년간 해보았다는 병원의 원장을 만나게 된다. 이런 분들 중에는 블로그 포스팅은 물론이고 키워드 입찰과 카페를 키우고 관리하는 방법에 대해서도 잘 알고 있는 분들이 많다. 그중에서는 실제로 포스팅을 하거나 입찰을 직접 해본 사람도 있고 대행사에 맡겨서 결과만을 체크한 사람도 있다. 자신이 직접 해본 사람들은 실제 적용되는 노하우에 대해서 관심이 많다. 이런 원장과 함께 일하면 큰 이견이나 문제가 없다. 반대로 대행사에 맡겨놓고 결과만 보고받아온 사람들은 상대방의 이야기를 다 듣기도 전에 그것은 이미 우리가 알고 있고 해본 것이라고 단정한다. 특히 새로운 방법, 당장 효과가 나는 방법, 돈은 적게 들고 크게 매출을 올릴 수 있는 방법만을 찾는다.

 현재까지 없었던 방법, 당장 효과가 나는 방법, 돈은 적게 들고 당장 매출을 크게 올릴 수 있는 방법은 없다.

 현재까지 없었던 방법들은 두 가지로 분류할 수 있다. 하나는 패턴의 변화이다. 검색 엔진의 출현, 오버추어의 등장, 스마트폰의 출현 등 이렇게 굵직한 것들이 첫 번째인데, 이렇게 패턴을 변화시킬 수 있는 것들은 매우 중요한 변화를 만들어내고 매출의 큰 변화를 유도할 수 있다. 둘째는 새로운 매체의 등장이다. 이 경우에는 당장 큰 변화가 나타나지 않는다. 유튜브가 유행해서 유튜버를 하겠다는 병원은 매우 많으나 그것으로 초진을 모두 채운다는 병원은 별로 없다. 그리고 모두가 유튜버로 성공할 수 있는 것도 아니

---

[2] 이런 자만심을 경계하는 것은 무엇보다 중요하다. 자신감과 겸손한 태도의 균형을 유지하는 것이 핵심이다. 그래야 새로운 지식과 관점을 수용할 수 있는 기회가 열린다.

다. 그런데 자신이 마케팅을 잘 안다고 생각하는 대부분의 원장은 이렇게 새로운 매체를 찾아나서는 것에만 관심이 있다.

하나의 매체만 잘한다고 성공하기는 어렵다. 매체 간 유기적인 융합을 얼마나 잘하는가가 중요한 포인트지 새롭고 강력한 매체의 출현에만 기댄다면 반짝 효과는 있지만, 장기적인 효과를 기대하기 어렵다. 이것저것 효과가 있다는 것들을 아무런 전략 없이 실행하면 마케팅 흐름만 망치게 될 뿐 브랜드 가치를 올릴 수 없다. 이렇게 망가진 상태로는 돈을 쏟아부어도 낭비만 될 뿐이다.

뒤에 나올 성공 사례에 소개된 광고주들의 경우, 우리는 그들에게 크로스미디어와 콘텐츠의 차별화 설계가 어떻게 브랜드 가치를 높이는지에 대해서 설명했다. 대부분의 '좀 안다'는 사람들과 달리, 이 병원이 우리를 대행사로 선정한 이유는 '브랜드마케팅'이라는 관점이 마음이 들어서라고 했다. 이들은 광고 리뷰 미팅을 할 때도 잘 듣고 서로 좋은 피드백을 주기 위해서 노력해 온 파트너들이다. 그 결과, 지금은 서로에게 감사해하는 사이로 발전했다. 이 광고주들도 아직 성장 과정에 있지만 성공한 의료기관의 모델이 되었고, 덕분에 우리 회사는 다양한 성공 사례를 보유한 독특한 마케팅 회사로 자리를 잡았다.

진료실의 의자에 앉아 있으면 대기실조차도 어떻게 돌아가는지 잘 보이지 않는다. 질환에 대해 검색하고 주변의 병원들을 비교하며 요리조리 따져보는 환자들의 눈에는 당신 외에 경쟁 대상들까지 다 보인다. 보이지 않는 경쟁자들 또한 자신의 병원을 성공시키기 위해서 부단히 노력하고 있다는 것을 알아야 한다. 당신이 새로운 마케팅 방법을 찾듯이 그들도 새로운 방법을 늘 찾고 있다. 블로그는 알아도 경쟁자를 모르면 다 안다고 할 수 없고, 유튜브는 알아도 환자의 의사결정 패턴을 모르면 다 안다고 할 수 없다.

마케팅에서 새로운 방법을 많이 가지고 있다고 항상 유리한 것은 아니다. 똑같은 도구를 가지고도 어떻게 사용하느냐에 따라서 전혀 다른 효과를 낸다. 블로그 전략이 상위 노출만 있는 것이 아니라 고객의 니즈를 유인하는 장치가 될 수 있듯이, 지식인이 의사결정의 최종 단계가 아니라 환자가 궁금해하는 포인트를 짚어주어 환자의 관심을 환기하는 후크가 될 수 있듯이, 유튜브가 낚시만이 아니라 정보를 제공하고 여론을 형성할 수 있듯이 말이다.

광고의 고수는 없다. '내가 다 안다'는 착각만 있을 뿐이다. 그래서 우리는 현재의 방법에 안주하지 않고 끊임없이 노력하고 연구한다. 이러한 과정만이 성공을 보장한다. 그러니 새로운 방법만 찾지 말고 전략과 차별화를 고민하라.

말 잘 듣는 광고회사는 병원의 적이다

다음과 같은 대화가 나에게는 무척 낯익고 익숙하다.

"우리 병원의 마케팅이 잘되려면 어떻게 해야 할까요?"

"우선 콘텐츠가 너무 약합니다. 홈페이지부터 바꾸셔야 합니다. 그래야 마케팅 비용이 낭비되지 않습니다."

"홈페이지를 바꾸려면 비용이 얼마나 들어갈까요?"

"최소 800만 원이고 콘텐츠 페이지가 많으면 천 삼백만원 이상은 들어갑니다."

우리 회사에는 디자이너가 없다. 조금만 실력이 있어도 프리랜서로 나가려는 시대이기 때문이다. 실업률이 올라가면서 창업을 부추기는 정부 정책의 영향도 있다. 아쉬운 말이지만 고용되어 있는 디자이너보다 프리랜서 디자이너들의 실력이 더 좋다. 그건 홈페이지 개발자도 마찬가지다. 대부분 완전 고용 형태보다 프로젝트 단위로 일하며 더 높은 수입을 선호하기 때문에, 홈페이지 개발

또한 우리는 외주를 준다. 그래서 우리 회사는 홈페이지를 개발할 때 이익을 많이 남기기 어려운 구조다. 퀄리티를 위해서 수익을 포기한 것이다.[1] 오랜 기간 웹 분야에 종사해온 만큼 우리는 인터넷 기획에 노하우를 가지고 있다고 자부한다. 그래서 항상 광고주가 잘되기를 바라는 마음으로 여러 가지 제안을 하는 것인데, 병원들은 이를 상업적이라고 오해한다.

어떤 때는 광고비를 더 써야 할 수도 있고, 홈페이지나 랜딩 페이지를 개발해야 할 때도 있다. 하지만 이런 사실을 전달하면 마치 우리가 돈 좀 더 벌려고 그런 제안을 하는 것이라고 광고주들이 오해하기도 한다. 이런 경우는 정말 광고주들을 설득하기 어렵다. 그래서 아예 제안을 하지 않았다가 효율이 떨어져 계약이 끝나게 되는 경우가 있다. 우리도 싸우는 것을 싫어하지만, 광고 시장과 환자의 의사결정을 잘 모르는 경우에는 프로젝트를 진행하면서 다툼이 발생하기도 한다.

광고주 중에는 비용을 더 써야 한다는 말을 극도로 싫어하는 사람이 있다. 싫은 말은 서로 하기가 꺼려진다. 그러나 광고는 비용을 쓰지 않고 진행하기가 어렵다. 홈페이지나 랜딩 페이지처럼 디자인 산출물을 생산하는 것 외에도 비용을 더 써야 하는 경우는 많이 있다.

특히 초진환자 유입이 떨어지는 경우가 그렇다. 잘 나오던 초진환자 유입률이 갑자기 떨어지는 것은 대부분 강력한 경쟁자가 출현했을 때이다. 이런 경우 어쩔 수 없이 광고비용이 더 필요한데

---

1) 우리는 1999년부터 웹을 기획, 디자인, 개발해온 업체인데 당초에는 현재까지 홈페이지 개발 업무를 계속할 것이라고 예상하지 못했다.

도, 광고주들은 이를 인정하지 않으려 한다. 하지만 효율이라는 말이 아무 때나 통하는 것은 아님을 인정해야 한다.

우리는 광고주를 처음 만나면 항상 우리가 가지고 있는 전략에 대해 상세히 설명한다. 필요하면 몇 번이라도 만나서 의문점을 풀고 마케팅을 시작한다. 그래야 나중에 오해가 없기 때문이다.

"Pull 영역에 고객의 경로를 설정하고 콘텐츠를 깔아나가는 작업을 먼저 하지 않으면 Push 영역에 들어가는 돈은 낭비될 뿐입니다", "키워드는 잠재고객과 찾아오는 고객 모두를 아우르는 중간단계에 있기 때문에 즉각적인 효과가 있지만, 너무 키워드에만 집중을 하게 되면 장기적으로는 비용을 낭비하는 요소입니다. Pull 마케팅에 먼저 작업을 해야 합니다", "콘텐츠가 빈약하면 최종 의사결정에서 구매 전환이 일어나지 않습니다" 등등 전략의 체계와 방법에 대해서 먼저 설명을 하고 나서 서로 합의가 되면 계약을 진행한다. 그러나 초기에는 우리도 많은 실수를 했었다.

광고회사가 광고주에게 꼭 필요하지만 해야 할 말을 못 하는 이유는 두 가지이다. 하나는 거래를 지켜야 하기 때문에 고객이 오해할 만한 이야기를 아예 하지 않는 경우이다. 영세한 마케팅 회사의 경우 한 광고주와의 거래가 매우 중요하다. 하나의 거래만 없어져도 당장 급여에 대한 걱정을 해야 하기 때문에 고객이 불편해하는 말을 하기가 어렵다. 또 다른 하나는 광고주가 광고회사가 자신들 이익만을 위해 조언한다고 믿고 있는 경우다. "그건 난 잘 모르겠고 나는 결과만 봐요", "그건 내가 해봤으니까, 다른 거요" 이런 적대적인 태도를 보일 땐 계약하지 않는 게 낫다.

광고 매체는 매우 많고 그 각각의 기능이 있다. 네이버만 하더라도 매체마다 기능이 다르다. 최근에는 지식인의 중요도가 다시 올라가고 있는데 콘텐츠만 잘 작성하면 고객의 신뢰를 얻을 수 있는 좋은 방법이다. 그리고 생각보다 클릭 수가 많이 나온다. 그러나 기존에 블로그만 운영하고 있는 광고주에겐 다른 매체로 마케팅을 확대하자고 제안하는 것이 쉽지 않다. 광고주의 시야가 몇 가지 아이템에 한정되어 있으면 다른 것이 눈에 보이지 않기 때문이다. 또한 이런 광고주들은 마케팅 전략을 이해하려 하기보다 초진 환자 수 증가라는 결과에만 집착하는 경향이 있다.

처음 마케팅 사업을 할 때는 서로에 대해서 알리고 마케팅 전략을 체계적으로 설명하는 것에 시간을 많이 할애하지 않았다. 우선 성과를 내는 것이 중요하다고 생각했다. 그러다 보니 마케팅에 대한 이해가 부족하거나 자기 생각만을 고집하는 고객까지 무분별하게 받아들이다가 서로 좋지 않은 인상을 남기고 헤어진 경우도 있었다. 그러나 지금은 마케팅에 대한 이해가 부족하거나 부분적인 마케팅에만 집착하는 고객은 점잖게 거절한다. 단순히 우리가 편하자고 그러는 게 아니다. 이렇게 단편적인 마케팅을 해서 효과를 보지 못한 경우에 대부분의 광고주는 그 방법에 대해서 회의를 품게 되고 종국엔 마케팅이 필요 없다는 인식을 갖게 된다. 그러면 후에 다른 광고회사를 만나서 마케팅을 다시 진행한다 하더라도 잘못된 마케팅 방법을 선택하게 될 것이고, 결국에는 마케팅 무용론에 빠져서 마케팅 비용 자체를 줄이게 될 것이다.

"세무사한테 들은 말인데요. 강남의 어떤 피부과는 매출의 10퍼센트를 마케팅 비용으로 쓰고 있대요. 그런데 효과가 별로여서 비용을 줄였는데도 환자 수에는 별 차이가 없다고 하네요. 우리도 마케팅 비용을 줄여야 하는 거 아닌가요?"

이른바 '마케팅 비용 10퍼센트 이론'이다. 세무사들은 전체 비용에 대해서 고민을 하다 보니 '몇 퍼센트를 넘기지 말아라' 이런 식으로 이야기를 많이 한다. 혹은 '다른 병원은 이렇다더라'라는 식도 많다. 진료과도 다르고 지역이 다른데도 불구하고 모든 것을 일반화하는 오류이다. 만약에 그 세무사가 잘 안 되는 병원을 예로 들어서 설명한 것이라면 어떻게 될까? 그러한 풍문에 마케팅 비용을 줄이면 어떻게 될까? 당연히 매출이 떨어진다. 아이러니하게도 병원들은 매출이 떨어지면 마케팅 비용을 올리는 것이 아니라 더 줄인다.

한 번 생각해보라. 돈을 벌려면 어디에 비용을 더 써야 할까? 고객을 확보하는 곳에 돈을 더 써야 하지 않을까? 그런데도 많은 병원들이 매출이 떨어지면 광고비를 줄인다. 광고비를 줄이니 더 환자가 없고 환자가 없으니 더 광고비를 줄이고 이런 악순환 끝에 폐업을 하게 된다. 그래서 우리는 고객이 이해하지 못하면 적극적으로 설득하고 교육한다. 말을 잘 들어주고 불편한 관계를 만들지 않는 것보다, 잘못된 인식을 심어줘서 그 광고주가 더 어려워지는 현실을 막기 위해서다. 우리는 이제 다툼과 오해를 피하지 않는다.

만약 마케팅 업체를 바꾸려고 한다면 결정된 예산 범위에서 마케팅 업체를 찾으면 안 된다. 마케팅 업체의 전략이 무엇인지 충분히 들어야 하고 당신의 병원 현황이 어떤지 분석해달라고 요청해야 한다. 그리고 당신의 말을 너무 잘 들어주는 업체는 피해야 한다. 이런 업체는 잘못된 방향으로 가더라도 말리지 못한다. 좋은 파트너를 구하는 데 충분히 시간과 노력을 들여서 결정해야 후회가 없다.

병원도 브랜딩이 필요하다

6

　버너, 스카치테이프, 지퍼락, 포스트잇, 봉고 등 이 제품들의 공통점이 무엇일까? 마케팅 이론에 '선도자의 법칙'이라는 것이 있다. 맨 처음 나온 것은 사람들에게 강한 인식을 심어주기 때문에 후발주자들과는 차별화되는 인지도를 만들어낼 수 있다는 것이다. 그래서 잘못 인식된 것이 있다. 퍼스트 무버(First Mover)가 아니면 이러한 인지도를 만들어내지 못할 것이라는 생각이다. 이 때문에 후발주자들은 무조건 선두주자와의 차별화를 내세우는 우를 범했다.

　방식이야 어떻든 한 번 인식된 것을 바꾸기는 쉽지 않다. 2004년에, 새로운 자동차를 구입하면서 가족도 태우고 직원들도 태울 수 있는, 그러면서도 승용차 같은 승차감을 낼 수 있는 트라제XG라는 차를 구입했다. 이 차는 그랜저XG의 서스펜션과 승차감을 가져와서 XG라는 글자를 붙였다고 했다. 이름대로 승차감이 훌륭

했다. 그런데 이 차를 본 내 동생의 한마디는 내 자부심에 금이 가게 했다.

"어? 봉고네."

정말 엄청난 선도자의 이익이 아닐 수 없다. 봉고는 2005년 생산이 중단될 때까지 무려 24년간 인기 차로 각광을 받았다. 봉고의 등장 이후 봉고와 비슷한 종류의 차는 모두 봉고라고 불렸다. 봉고가 두 번째 나왔다면 우리는 봉고라고 불렀던 모든 차를 다른 이름으로 불렀을 것이다.

이렇게 사람들의 뇌리에 깊이 뿌리박힌 인식은 쉽게 바뀌지 않는다. 충격적인 변화와 계기가 없이는 자동 입력된 내용이 계속 반복되는 것이다. 그래서 사람들의 인식을 어떻게 바꿀 것인가 하는 것이 후발주자의 마케팅 제일 과제다. 조금 전문적인 내용으로 말하자면 포지셔닝(시장에서의 위치 설정)이라고 할 수 있는데, 고객의 머릿속에 어떤 병원으로 인식될 것인가에 대해서 명확한 청사진을 그리는 것이다.

마케팅에 문제가 있는 병원은 두 가지의 양상을 띤다. 첫 번째는 무조건 진료만 잘하면 된다는 식이다. 마케팅은 우리가 알아야 하는 것이 아니라 진료만 잘하면 환자가 올 것이라고 생각한다.

그래서 연구와 학습에 투자는 많이 하지만, 마케팅에는 비용을 많이 쓰지 않는다. 이런 병원은 진료에 대한 자부심으로 인해서 진료비도 매우 비싼데 이렇게 되면 환자는 인지도가 없는 병원이 가격만 비싸게 받는다고 하면서 쉬이 이탈해 버린다. 병원에서는 환자가 뭘 몰라서 그런다고 하지만, 결국은 병원이 그 가격의 합리성을 환자에게 제대로 설명하지 못한 것이다. 게다가 이런 병원은 가격은 생산자가 아니라 시장이 결정한다는 사실을 모르고 있는 것이다.

진료에 자부심이 넘치는 병원은 환자 사례도 부지기수로 모아 놓는다. 그러나 아쉬운 것은, 대부분 기초 데이터뿐이고 환자들이 이해할 수 있는 자료는 많지 않다. 그것을 제대로 가공해서 환자들에게 설명하면 되는데 그런 것이 부족하다. 결국 '치료'에는 능할지 몰라도 '치료에 능한 병원으로 보이는 것'에는 약한 것이다. 공급자가 넘쳐나는 시대에 소비자에 대한 배려가 부족하다면 성공할 수 없다.

마트에 가서 물건을 구입할 때도 우리는 물건의 내용보다 포장에 더 끌린다. 이유가 뭘까? 그 제품에 대한 지식이 부족하기 때문이다. 농부가 마트에 가서 농산물을 보면 포장을 보고 살까 아니면 제품의 특징을 정확하게 알고 살까? 당연히 제품의 특징을 정확하게 알고 살 것이다. 병원에 오는 환자는 의사가 아니다. 고객이 알아듣지 못하는 말은 아무리 해봐야 소용없다. 병원의 치료 역량이 높다 하더라도 매출이 저조하다면 진료를 잘하는 병원으로 보이는 데 실패하고 있는 것이다. 소비자들이 아무리 많은 정보를 가진다 해도 의료 시장에서는 소비자가 공급자보다 더 많은 정보를 획득하기 어렵다. 그래서 소비자, 즉 환자에게 우리 병원을 어떻게 보이게 할 것인지 명확한 목표와 방법이 있어야 한다.

마케팅에 문제가 있는 병원의 두 번째 양상은, 무조건 환자만 오면 된다고 생각하는 병원이다. 마케팅에 대해 설명하려고 미팅을 하면 전략에 대한 설명이나 브랜드 가치에 대한 설명은 듣지도 않고, 무조건 환자만 오면 되고 평가는 매출로 하겠다는 말을 하는 병원이 있다. 참 재미있는 말이다. 매출로 평가를 한다는 것이 가능할까? 우선 '성공한 상담'을 살펴보자. ① 전화 및 게시판에 글 남기기(혹은 직접 내원), ② 문의 후 예약, ③ 예약 후 내원, ④ 내원 후 치료 결정, 이렇게 4단계를 거친다. 물론 모든 MOT[1]를 말하는 것은 아니다. 단순하게 통계 지표가 환산이 가능한 접점을 말하는 것이다. 이 4단계 중 마케팅 회사가 컨트롤할 수 있는 것은 1단계뿐이다. 나머지는 병원에서 컨트롤해야 한다. 그런데도 불구하고 나머지 단계까지 마케팅 회사에게 맡기는 병원이 매우 많다. 마케팅과 영업을 완전히 혼동하고 있는 것이다. 내부의 문제가 무엇인지에 대해서 생각해보지 않고 무조건 돈만 벌면 된다는 생각에 빠져 있으면 마케팅 효과가 좋을 수가 없다.

브랜드 가치에 대한 오해도 많다. 브랜드 가치라고 하면 규모가 있고 매출이 높을 때 필요한 것이라고 생각한다. 브랜드 가치는 '높다', '많다', '우수하다'의 뜻이 아니라 '포지셔닝'이다. 고객의 인식 속에 당신은 어떻게 기억되고 있는가? 지금 이 시각에도 고객의 머릿속에서 당신에 대한 인지는 변화하고 있다는 것을 알아야 한다.

광고를 하는 이유가 뭘까? 고객에게 우리 병원을 알려 방문하게 하는 것이다. 그럼 어떻게 해야 많은 사람이 올까? 제공하는 의료 서비스의 품질이 다른 곳보다 좋고 동시에 저렴해야 한다. 여기서

---

1) 진실의 순간(Moment of Truth): 현장에서 고객과 하는 최초의 15초, 고객 접점 관리의 핵심 포인트이다. 의료 기관 진료 및 상담 프로세스를 설계할 때 가장 중요한 개념이다. 접점이라는 개념을 이해해야 하고, 관리라는 개념이 접목되어야 매출에 변화가 생긴다. '측정하지 않으면 관리할 수 없고 관리할 수 없으면 개선할 수 없다' 피터 드러커의 유명한 말이다.

저렴하다는 것은 상대적인 개념이다. 진료 과목과 의료 아이템에 따라서 가격이 높아야 좋은 것이 있고 낮아야 좋은 것이 있다. 그러나 가장 중요한 것은 품질이 좋다는 인식이다.

그래서 우리는 현재의 마케팅을 '최초 상기'라는 선도자의 이익과 품질의 우수성을 알리는 과정에서 얻어지는 고품질 연계라고 평가한다. 의료에서 최초 상기는 공산품의 최초 상기처럼 만들어내기는 어렵다. 그러나 지속적으로 브랜드를 노출해서 리프팅 하면 ○○피부과, 대상포진 하면 ○○내과, 만성피로 하면 ○○한의원 이런 식의 조합을 만드는 건 가능하다. 그리고 이것이 바로 우리가 원하는 결과를 만들어내는 첩경이다. 이렇게 시간이 지나면 최초 상기의 법칙, 선도자의 이익을 누릴 수 있다.

그래서 우리는 늘 강조한다. 당신이 다른 병원에 비해서 우수한 품질을 가지고 있는 요소는 무엇인가? CPA를 통해 DB만을 얻고자 하는 병원[2]은 잠시 좋을지 몰라도 나중에는 큰 후회를 하게 된다. 병원이 알려지지 않았기 때문에, 장기적으로 시술 가격이 하락하고 가격에 민감할수록 까다로운 환자층이 많듯이 협상의 주도권을 가지지 못하고 늘 환자에게 끌려다니는 식의 상담을 해야 한다.

브랜드를 알리기 위해서는 먼저 브랜드에 대한 정의가 필요하다. 당신의 병원은 무엇이 다른가? 당신의 병원은 무엇을 잘하는

---

2) 의료 기관이 일정 이상의 규모와 매출을 달성했다면 반드시 CPA(Cost Per Action) 방식의 마케팅은 필요하다. 하지만 이 방식이 지속적인 성공을 거두기 어려운 이유는 CRM의 프로세스와 연계된 마케팅 시스템이 제대로 설계되지 못했기 때문에 제대로 작동하지 못하는 것이다.

가? 당신의 병원이 잘한다는 것을, 당신 병원의 시술 품질이 좋다는 것을 어떻게 증명할 수 있는가? 이 모든 질문의 합으로 당신의 병원은 고객들에게 어떻게 인식되고 있는가? 이런 질문에 답을 할 수 있는 준비가 되어 있어야 한다.

　충분히 시간과 마음, 돈을 투자해서 무엇이 당신 브랜드의 핵심인지를 찾아라. 당신의 병원이 동네병원이라면 브랜드 가치를 만들어내고 알려 나가는 단계에서부터 유명한 병원이 될 수 있는 기회를 마주할 것이다.

Chapter. 3

내 병원에 딱 맞는
마케팅을 해야 한다

어떤 매체가 효과적일까?

2002년에 의료계에 발을 들이고 10년을 채운 2011년, 우리는 새롭게 마케팅 사업을 시작하게 되었다. 10년간 우리가 컨설팅을 끝낼 무렵에 늘 들었던 말이 우리의 뇌리를 스치고 지나갔기 때문이다.

"이제 경영의 시스템은 갖추었는데, 마케팅 플랜도 세워줄 수는 없나요?"

우리는 컨설팅 펌으로서 마케팅 영역에 대해서는 조언만 할 뿐 구체적인 실행을 하지는 않았다.

우리는 처음으로 마케팅 대행사들을 만나기 시작했다. 마케팅 대행사들은 다채로웠다. 블로그, 카페, CPA, 지식인, 페이스북, SNS, 키워드, 기사, 배너, 영상 등 가짓수도 매우 많았다. 물론 모두 주장하는 것은 자신들이 주를 이루는 매체가 가장 효율이 좋다는 말이었다. 자신들이 다루는 매체만이 높은 효율을 보장할 수 있다는 말로 들렸다.

　신림동에 있는 피시방을 빌려서 30명의 알바를 투입해 3개월 동안 검색을 하게 했다. 처음에는 매우 쉬울 것처럼 보였던 작업이 시간이 지날수록 어려워졌다. 게임은 24시간도 할 수 있지만 키워드 검색만 8시간씩 한다는 것이 그렇게 쉬운 일이 아니었다. 이탈하는 사람들이 생기면서 초반에 2개월을 예상했던 작업은 3개월이 지나야 마칠 수 있었다. 우리는 이 작업을 통해 검색 엔진들의 반응을 측정했고 그것을 토대로 마케팅 영역에 대한 구분을 내리게 되었다.

　우리는 마케팅의 영역을 Push, Pull, Proliferated로 정의한다. 앞서 설명한 것처럼 각 영역은 매우 중요한 의미를 가진다. 이렇게 정의를 내리기까지 우리는 많은 실험을 거듭했다.

　우선 가장 눈에 띈 매체는 바이럴 매체였다. 특히 블로그의 경우에는 이미지와 동영상을 같이 잡을 수 있다는 장점이 있었다. 네이버가 리브라 로직을 사용하면서 티스토리와 다음 블로그의 장점이 부각되기도 했었다. 다음과 티스토리의 경우 네이버가 제목에 많은 비중을 두고 평가하기 때문에 지역 키워드 노출이 더 잘된다는 장점을 가졌다. 물론 네이버가 소나 로직으로 변경되면서 다시 네이버 블로그의 가중치가 올라갔지만, 그 이전에는 많은 매력도를 가졌다.

　2011년도에 블로그라는 매체는 높은 유입자 수만 보장된다면 초진환자의 유입에 절대적인 영향력을 행사하는 위치에 자리하고 있었다. 우리는 이러한 경향에 따라서 이슈 포스팅(맛집, 건강 정보, 지역 정보 등)을 쓰지 않고 오로지 해당 광고주 병원의 질환 및 시술 콘텐츠의 내용을 토대로 해서 유입을 잡아내는 제목 패턴 및 포스팅 최적화 기법을 개발했다. 물론 이것은 피시방에서의 고단한 3개월간의 검색 테스트 덕분이었다.

블로그의 하루 방문자 수가 1,000명을 넘으면서 초진환자 숫자가 2배로 늘고 매출이 3배로 늘어나는 광고주가 생겨나게 되었다. 그것도 이슈 포스팅이 없이 질환이나 시술 포스팅으로만 진행되다 보니 초진 유입의 순도가 매우 높았다. 어쩌면 밀도가 높다는 표현이 더 맞을 수도 있다. 이렇게 올라간 하루 방문자 수가 3,500명까지 되는 블로그가 나오면서 블로그 마케팅은 절정을 맞았다. 그러나 곧 우리는 네이버의 저품질 시스템이라는 한계를 맞게 된다.

블로그가 매우 좋은 툴이기는 하지만 네이버의 로직이 변경되면서 블로그 마케팅 자체가 매우 혼란스러운 상태에 빠졌다. 저품질이 되면 유입 수가 30퍼센트로 줄어든다. 10퍼센트대로 떨어지는 경우도 허다하다. 블로그의 효율이 떨어지면서 우리는 다른 대항마를 찾기 위해 고군분투했다. 그리고 그 답을 일본과 미국에서 찾았다.

일본의 덴츠라는 회사는 크로스 미디어라는 것을 표방한 최초의 회사이다. 일반적인 마케팅 믹스 전략을 인터넷으로 옮겨와서 활성화시킨 장본인들이다. 우리는 이들의 일본 내 성공 사례를 수집하기 시작했다. 시장 조사 요원들을 일본에 보내서 3개월 동안 그들의 성과를 수집하고 실제 마케팅 믹스를 온라인에서 어떻게 구현해왔는지 확보하기 시작했다. 그리고 그들의 저서를 연구하고 우리에게 적용할 만한 것들을 찾았다. 해답은 스토리의 흐름이

라는 개념이다. 이것을 연결하여 세션타임을 늘려가는 방식이라고 할 수 있다. [1]

이렇게 해서 콘텐츠의 흐름을 변화시키고 블로그의 효율을 다른 매체로 분산시킨 결과 광고주들은 예전의 매출을 다시 회복했고, 초진 유입률은 그전보다 높아지기 시작했다. 결국, 현재의 시장은 돈으로 돈을 버는 시장임에 틀림이 없다. 마중물을 쓰지 않고는 물을 얻을 수 없다. 그러나 우리가 원하는 것은 최소의 비용을 통한 최대의 효과이다. 단, 최소의 비용을 매출의 몇 퍼센트로 한정하는 잘못된 판단을 해서는 안 된다. 비행기가 떠오르는 시간에는 상대적으로 에너지가 많이 소비된다는 것을 알아야 한다. 그 시기에 들어가는 비용은 브랜드를 소비자들에게 각인시키는 비용이다.

안정되던 매출이 정체기를 보이기 시작하면서 우리는 새로운 연구를 시작했다. 고객의 입장으로 다시 돌아가본 것이다. 무엇이 현재의 정체기를 벗어나게 할 것인가? 몇 개월에 걸쳐 우리는 환자처럼 생각하고 환자들의 검색 데이터를 다시 확보하기 시작했다. 'FGI[2]'와 같은 조사도 실시했다. 이런 광범위한 조사를 토대로 해서 내린 결론은 바로 콘텐츠 자체의 변화 였다.

환자들의 비교 검토는 매우 오랜 시간 이루어진다. 그들은 인터넷의 여러 공간을 돌아다니면서 자신이 가야 할 곳을 선정한다. 그

---

1) 덴츠의 연구 결과들은 한 시기에만 집중되지 않고 2025년 현재에도 한국에 맞게 변화하여 새롭게 적용하고 있다. 스토리의 흐름이라는 주제는 현재도 유효한 개념이다.
2) 표적집단면접(Focus Group Interview): 소수의 대표적 소비자 그룹과 집중적인 대화를 통해 심층 정보를 수집하는 질적 조사 방법

시작과 끝은 항상 콘텐츠로 귀결되는 양상을 보인다. 그래서 홈페이지가 가지는 중요성이 계속 증가하고 있는 것이다.

우리는 1999년 아무도 홈페이지를 제작하지 않던 시점에 튜브엔터테인먼트와 함께 연예인들의 홈페이지를 제작하고 이것을 인터넷 방송으로 만들어가는 프로젝트를 시작했다. 당시에는 회사마다 홈페이지가 그리 많지 않던 시기였는데, 우리는 튜브엔터테인먼트에 소속된 연예인들의 홈페이지를, 플래시가 없던 시절에 플래시보다 더 역동적인 움직임을 만들어내는 다양한 기술을 더하여 개발했다. 그래서 우리는 누구보다 잘 알고 있다. 콘텐츠가 유저의 의사결정에 얼마나 중요한 의미를 가지는지를 말이다.

환자들은 병원의 홈페이지를 비교한다. 병원에 내원하지 않은 환자라면 더욱 더 병원에 대해 알 수 있는 유일한 방법이 바로 홈페이지다.

그러나 우리에게는 홈페이지를 넘어서는 더욱 강력한 도구가 필요했고 그 답은 랜딩 페이지에 있었다. 기존의 홈페이지를 뛰어넘는 강력한 도구가 필요했다. 아서 왕에게 엑스칼리버가 있는 것처럼, 우리에게는 랜딩이, 그것도 강력한 랜딩이 필요했다.

우리는 이런 고민을 놓지 않고 추적을 계속해 나갔다. 그리고 결국 랜딩 페이지라는 개념을 최초로 만들어내고 개발한 회사가 인박스 인터랙티브라는 것을 알게 되었다. 우리는 애틀랜타 인근의 알파레타라는 도시에 있는 이 회사를 찾아갔다. 설득 끝에 그들의 랜딩 페이지 개발 배경과 노하우를 교육 받을 수 있었다.

우리는 컨설팅 회사로 출발한 만큼 메시지의 중요성에 대해서 누구보다 잘 알고 있다. 강력한 메시지는 고객의 마음을 제대로 흔

든다. 우리가 가지고 있던 메시지 설계 기법과 인박스 인터랙티브가 가지고 있던 랜딩 페이지 설계 기법이 조화되면서 우리는 강력한 무기를 가지게 되었다. 기존의 랜딩 페이지를 넘어서는 매우 잘 드는 칼이 만들어진 것이다.

크로스 미디어 기법을 통해서 매체를 믹스한 후 우리는 강력한 랜딩 페이지를 Push 마케팅에 붙였다. 이렇게 몇 번의 테스트를 거치면서 이 방법의 최적화 패턴을 발견했고 초진 유입률 평균 179퍼센트를 달성했다. 그러나 성공 뒤에는 늘 다시 시련이 있듯이 코비드19가 찾아왔다.

그리고 코비드19로 인한 변화도 마케팅 효율에 영향을 미쳤다. 코비드의 초기와 중기, 후기로 나누어서 영향을 받은 진료과와 지역이 달랐다. 진료과는 전국적으로 비슷한 양상이었으나, 일부 지역의 격리자 숫자에 따라서 조금씩 다른 패턴이 나타났다. 그러나 전체적인 로직을 손볼 수 밖에 없었다. 그리고 더 큰 문제는 코비드19 이후에 나타났다. 앞서 언급했던 콘텐츠의 힘이 떨어지게 된 것이다.

코비드19 시대 이후는 콘텐츠의 질적인 측면을 평가하는 방식이 절대적으로 변경이 되었다. 뒤에 콘텐츠 관련 챕터에서 상세하게 기술하겠으나 결국 이것도 시대의 변화에 따른 인지의 변화이고 환자들은 인지를 못하겠으나, 품질에 대한 기준이 변경된 것으로 평가할 수 있다. 콘텐츠는 더 미적인 부분에 집중이 되었고, 메시지는 더 압축적인 것을 선호하는 방식으로 변화되었다. 그후에 효율은 다시 정상화 되기 시작했다. 그리고 우리는 그런 콘텐츠의 질에 대해서 더욱 집착하게 되었다.

우리는 기존의 마케팅 대행사들이 말하던 '효율이 좋은 매체가 있다'는 말은 고객들의 유입 경로와 의사결정 성향에 대한 이해 부족으로부터 생겨난 말이라고 생각한다. 유입 경로의 변화에 따라서 매체를 찾는 속성이야 어쩔 수 없으나 결국 모든 것은 경쟁의 굴레에 갇히게 된다. 신선한 매체를 찾아 나서는 선점의 효과보다는 매체의 효율 효과를 기대하는 것이 현명하다.

동네병원을 살리는 마케팅

2

    한국은 의료수가가 OECD 전체 회원국 중에서 거의 최저 수준이고, 인구당 의사 수 또한 최저이다. 어떤 의사들은 우리나라가 의사 배출 수 조율에 실패해서 의료계가 어려워졌다고 하는데 그것은 사실과 다르다. 실제 우리나라는 인구당 의사 수가 매우 적다.[1] 결국, 낮은 의료수가가 문제이다. 그렇다고 의료수가를 지금보다 올려서 OECD 평균에 맞추자고 할 정치인도 없는 듯하다. 아쉽지만, 이게 현실이다. 그래서 앞으로도 의료수가는 낮게 유지될 것이고, 의사의 수는 지속적으로 늘어날 것이다. 결국, 경쟁은 계속 강화될 수밖에 없다. 이것은 의사, 한의사, 치과의사 모두 마찬가지이다.

---

1) 2023년 기준 OECD 평균 대비 42% 수준으로 의료인의 숫자가 적다. 환자 본인부담금은 OECD 평균보다 높고, GDP 대비 의료비는 OECD 평균보다 낮은 환경 속에서 지속적인 경쟁 가속화가 불가피할 것이다.

불길한 말만 늘어 놓았으나, 이것이 엄연한 현실이다. 그러나 이런 상황 속에서도 충분히 자리를 잡아 성장할 수 있는 길이 있다. 그래서 이 장에서는 자신의 지역과 환경 속에서 성장할 수 있는 방법에 대해서 알려주겠다.

동네병원이란 다른 지역에서 환자가 오지 않고 지역 환자만 보는 병원이라고 말할 수 있다. 그러나 이 책에서는 좀 다르게 서울을 제외한 지역으로 정의했다. 만약 서울에서도 우리는 동네병원이라고 한다면 그 정의도 맞을 수 있다. 그러나 서울과 서울이 아닌 지역으로 나누는 이유는 마케팅의 효율을 받쳐줄 인구 자체가 매우 극심하게 차이를 보이기 때문이다. 여기서 서울은 정말 서울만 한정하는 것이다. 수도권도 서울이 아니면 해당 사항이 없다. 행정구역상 서울이냐 아니냐가 매우 중요하다.

한 가지 착각하지 말아야 할 것은, 간혹 자신들의 병원이 전국구 병원이라고 하는 경우가 있다. 이런 병원의 차트를 받아서 분석해보면 실제 타 지역에서 오는 환자들은 1퍼센트밖에 안 된다. 신기하게도 너무 멀리서 오다 보니 인식의 착각을 불러일으키는 것이다. 유명한 병원도 70퍼센트 이상의 환자는 행정구역상 소재를 중심으로 연계된 두 개 내외의 구 단위에 거주하는 경우가 대부분이다. 동네병원이 아니라 전국구 병원이라고 하려면 행정구역의 시도 범위를 벗어나는 환자들이 50퍼센트 이상인 경우만 해당한다는 것을 알아야 한다. 이런 인식이 중요한 이유는 해당 지역을 벗어나면 마케팅 비용의 차이가 크기 때문이다.

다시 한번 오해가 없기 위해서 우리가 정의하는 동네병원을 설명하겠다. 행정구역상 서울이 아닌 지역에 있으면서 같은 동 혹은 구의 거주 환자들이 내원 환자의 90퍼센트를 점하는 병원이 동네 병원이다. 자, 이런 병원이 어떻게 월 매출 1억원 이상을 벌어들이는 병원으로 성장할 수 있을까?

우선 전략은 명의가 되어야 한다. 여기서도 이견이 있을 수 있다. '명의가 되어야 한다.'는 말은 주관적인 판단에 따라 서로 다른 의견이 나올 수가 있다. 그래서 본인의 의지가 가장 중요하다. '명의가 될 것인가, 명의로 보일 것인가?' 가치기준은 주관적으로 모두 다르므로, 굳이 거기에 얽매일 필요는 없다. 다른 말로 하자면, 병원을 알리는 것도 중요하지만, 의사를 적극적으로 알려야 한다는 말이다. 지방의 환자들은 몇 가지 특징을 가지고 있다. ① 서울(혹은 강남)의 환자보다 비교 검토를 덜 한다. ② 유명한 병원을 매우 선호하는 경향이 있다. ③ 질환의 세분화보다 병원을 보고 선택하는 경향이 강하다.

이는 많은 테스트와 그동안 마케팅 경험을 통해 알아낸 사실들이다. 여기서 알 수 있는 사실은 지역 환자들에게 얼마나 유명한 병원으로 보일 것인가가 가장 중요한 의사결정 근거가 된다는 점이다. 따라서 동네 병원은 마케팅에 사용하는 매체도 서울(혹은 강남)의 병원과 달라야 한다.

만약 당신의 병원이 이런 동네 병원이고 네트워크 병원이 아니라면 전국 배너를 사용해서는 안 된다. 이것은 100퍼센트 낭비다. 지역을 구분할 수 없는 전국 배너보다는 지역 배너를 사용하는 것이 더 효율적이다. 유입을 가장 많이 만들어내는 유용한 툴이지만 포기할 수밖에 없다. 2025년 3월 현재 배너의 경우 전국 노출 배너와 지역 노출 배너가 Push의 매체인데 질환과 경쟁 상황에 따라서 전국 배너의 사용과 지역 노출 배너의 사용을 결정해야 한다. 지역 병원이기는 하지만 질환과 우리 병원의 치료 방법이 전국적인 경쟁력이 있다면 전국 노출 배너를 쓸 수도 있다. 다만, 이런 경우라면 서둘러 서울로 입성하는 것이 마케팅 효율의 명확한 차이를 만들 수 있다. 같은 마케팅 예산이라도 서울이 훨씬 효과가 높다. 서울과 대전 사이에 위치하고 있다면 무조건 서울로 이전이 유리하고, 대전 이남이라면 자신이 갈 수 있는 무조건 인구 밀도가 높은 도시로 이전을 해야 한다.[2]

키워드 광고는 매우 중요한데, 다음 검색엔진의 경우에는 별로 효용가치가 없다. 이 책의 초판에는 네이버 키워드 예산 100만 원이라고 하였으나 이것은 질환에 따라 다르고 네이버 키워드 비용이 워낙 지속적으로 비싸지고 있어서 키워드 비용 책정의 경우 고민이 많다. 100만 원 이상의 비용을 책정하는 것이 중요하다. 다만 경쟁이 심한 피부 성형 등 미용과 성형의 경우는 해당하지 않는다. 또한 2025년 3월 현재 지역 키워드의 단가가 전국 키워드보다 높은 경우가 많다. 이것은 네이버의 키워드 정책 변화에 따라서 지역 키워드 단가가 더 높아지고 있기 때문이다.

앞서 설명하였으나 구글 키워드의 중요성은 점차적으로 올라가고 있다. 물론 진료 아이템이 무엇인가에 따라 달라지겠으나 생각보다 많은 예산을 투입해도 효과가 있다. 너무 적은 비용이라면 무

---

[2] 이러한 환경 속에서도 서울이 가장 유리하다. 예를 들어 '지역명+질환명'과 '질환명'으로 광고를 하는 두 가지의 유형으로 볼 때 비용 효율은 무조건 '질환명'이 높다. 지역명이 추가되면 타겟 인구 밀도가 낮아지고 비용 효율성이 떨어진다. 지역편차에 의한 마케팅 단가 차이는 점차 줄어들고 있다.

의미하다.

　키워드 단가가 올라가고 있는 현 시점에서 더욱 중요성이 커지는 것이 바로 홈페이지이다. 유난히도 지역의 병원들은 홈페이지에 소홀한 경우가 많다. 하지만 키워드가 매우 중요한 지역 병원 시장에서는 무엇보다 홈페이지가 중요하다. 그리고 키워드 단가가 올라가고 있는 시점이므로 매달 지속적으로 많은 비용을 지출할 수 없다면 잠깐의 노출에도 타 병원과의 콘텐츠 차이를 극대화시키는 것이 중요한 방법이라고 할 수 있다. 예산을 무한정으로 사용할 수 없으니 기준이 중요하다. 경쟁병원보다 좋게!

　많은 병원이 키워드 상위 노출이 중요하다고 생각한다. 물론 그것도 중요하다. 그러나 브랜드 인지가 생긴 병원의 경우에는 1위 노출이 별로 필요치 않다. 이미 인지가 된 병원이므로 노출만 되면 환자에게 다시 재인식시킬 수 있다. 키워드에 반응도가 높은 지역 시장의 경우에는 비교 검토 영역에 해당하는 검색 엔진의 바이럴 콘텐츠보다 자사 홈페이지 콘텐츠의 중요성이 더 크다고 보아야 한다. 그리고 홈페이지도 다른 내용보다 의료진 소개와 시술의 우수성에 대한 내용을 중심으로 개발해야 한다.

　지역 병원의 경우에는 유동 인구가 많은 위치의 플래카드도 효과가 높다.[3] 서울의 병원은 플래카드로 환자를 유입시키기 어렵다. 그러나 지역은 오프라인 접점의 효율이 비교적 높다. 즉, 서울보다 경쟁이 덜하다는 말이다. 그리고 인근의 지역 광고 등도 고려해 볼 필요가 있다. 다시 한번 강조하지만 광고를 하는 것보다 중

---

3) 도시의 인구 밀도가 높을수록 광고 효과가 높다.

요한 것은 어떻게 광고를 할 것인가 하는 부분이다. 진료 과목이나 병원 이름보다 중요한 것은 어필을 만들어 내는 강력한 한마디의 문장이다.

2025년 3월 현재 가장 중요한 것은 플레이스 지도 노출이다. 플레이스가 '지역+진료과'로 첫 페이지에 노출이 되는가 하는 부분이 제일 우선순위라고 할 수 있다. 그리고 플레이스 정보가 충실해야 한다.[4]

그리고 블로그는 변화된 정책과 심의 기준에 맞게 쓴다는 전제로 해서 기본으로 하며, 지식인 등 다른 비교 검토 영역에서는 실제 그 지역에서 많이 검색하는 질환 키워드를 조합해서 노출하고, 병원 이름을 노출해야 한다. 대부분 비교 검토를 하는 상황에서 병원에 다녀온 사람의 추천이 매우 중요하게 작용한다.[5] 특히 지역 병원은 비교 검토가 서울보다 심하지 않기 때문에 이러한 내용이 더 쉽게 인식의 변화를 만들 수 있다.

병원의 이름과 함께 원장의 이름을 지속적으로 알리는 작업도 매우 중요하다. 병원 이름뿐 아니라 원장의 이름을 같이 알려서 원장의 지명도를 계속 올려야 한다. 이러한 작업은 지금뿐 아니라 향후 10~20년을 내다보고 그 지역의 명의로서 인식될 것을 생각하면서 마케팅을 하는 것이다. 그리고 중요한 것은 키워드, 홈페이지, 플래카드, 블로그, 지식인, 지역광고 등 모든 작업은 연속성을

---

4) 아주 작은 부분, 썸네일 하나라도 신경을 써야 한다.
5) 이 추천이라는 부분에서도 플레이스는 중요하다. 플레이스 후기 이벤트와 같은 경우에는 대부분의 보건소 담당자들이 유인행위로서 민원이 들어온다고 해도 문제를 삼지 않는다. 다만, 특이한 담당자가 있을 수 있다.

가지고 작업해야 하므로 콘텐츠 자체에 일관성이 갖추어져야 한다. 메시지 하나를 개발할 때도 다음 두 가지를 고려하도록 하자.

1. 우리가 하고 싶은 대로 하는 것이 아니라 환자의 검색 패턴을 정확하게 알고 해야 한다.
2. 의사의 이름이나 시술의 우수성을 알릴 수 있는 키 메시지를 발굴해야 한다.

비급여 병원 마케팅1 : 대도시 중심가 병원

대도시의 정의를 어떻게 볼 것인가에 대한 기준이 중요하겠다. 대도시를 인구수로 정의한다면 우리나라에 2백만 인구수가 넘는 도시는 4개밖에 없다. 2025년 3월 기준, 서울(약 950만), 부산(약 340만), 인천(약 300만), 대구(약 240만) 이다. 그러나 월평균 가구 소득으로 다시 분류를 한다면, 서울(약 620만), 세종(약 600만), 수원 및 성남(약 580만), 인천(약 520만) 이다. 이렇게 보면 인구 수로만 잡기도, 소득으로만 잡기도 어렵다. 교집합이 중요하겠다.

만약 인천이라고 하더라도 인구 수와 월평균 소득의 기준으로 본다면 적절하다고 하겠으나, 강화와 접경된 행정동의 경우 대도시라고 분류하기 어렵다. 그래서 대도시 중심가의 병원이 맞는지 판단을 개별적인 의료기관 별로 분석을 해보는 것이 중요하다. 그래서 온라인 상의 분석뿐 아니라 오프라인 상권 분석 역시 필수라고 할 수 있다.

대도시인지 아닌지는 현장 상권 분석을 해야겠으나, 각자의 기준에서 우리는 수도권 혹은 대도시 중심권이라는 가정을 하고 경쟁이 심하게 집중된 지역에서 병원을 운영하고 있으며 비급여의 비중이 60% 이상의 매출을 차지하고 있다면 이 챕터의 내용을 유심히 살펴보면 도움이 되겠다. [1]

　우선 대도시 중심가 지역의 마케팅 특징은 고객층을 명확하게 정리하는 것에서 출발해야 한다. 나머지 지역과 다르게 대도시 중심가의 병원에 기대하는 것은 격(格)[2]의 차이라고 할 수 있다. 영어로 보면 'grade'[3]이다. 두 가지 용어는 경영적으로 보면 차이가 있으나 간단하게 설명하자면, 격은 브랜드가 가진 이미지나 가치의 수준, 즉 품격, 품위, 고급스러움 등이고, 'grade'는 제품이나 서비스를 명확히 구분하는 품질 및 성능의 단계, 수준이라고 보면 된다. 결국 소도시의 작은 병원과 다른 것을 원하는 것이라고 보면 되겠다.

　우리는 대도시 중심가에서 마케팅 설계를 할 때 페르소나 기법을 도입하여 고객 분석[4]을 진행한다. 페르소나라는 용어가 이제는 많이 대중화되어서 많이들 알고 있다. '송강호는 봉준호의 페르소나' 같은 식의 표현으로 많이 알려져 있다. 그러나 마케팅에서

---

1) 급여 진료라고 하더라도 매출 규모가 충분히 크다면 이 분류에 포함할 수 있다.
2) 마케팅 관점에서 「格(격)」은 고객이 브랜드나 제품을 인식할 때 느끼는 품격, 수준, 가치, 차별화된 이미지를 뜻한다고 이해할 수 있다.
3) 마케팅 관점에서 「Grade(등급)」는 제품이나 서비스의 품질이나 성능 수준을 명확하게 구분하여 고객에게 제공하는 전략이다.
4) 프로젝트 규모가 큰 경우에는 할당표본추출법(Quota Sampling)을 활용해 서베이를 진행하여 고객 유형 분석을 한다.

페르소나 기법이라고 하면, 주요 고객층에 대한 유형 규정이라고 할 수 있다. 우리에게 주요하게 매출 우위를 가져다 주는 고객층을 규정하는 이미지화 프로세스라고 하면 좀 더 이해하기 쉽겠다. 연령대, 성비 구분, 소득 구분, 자녀는 몇 명이나 되는지 등등 그 사람을 의인화 해서 한 명의 개인으로 구체화 해보는 것이다. 그 사람의 소비 욕구, 그 사람이 좋아하는 문구, 그 사람이 좋아하는 취미 등을 규정해서 한 사람으로 만들어 보는 기법이다. 이러한 것을 가지고 마케팅에 적용할 콘텐츠의 흐름을 만들어 간다.

물론 모든 인간은 개인적인 성향을 가지고 있으므로 한 명 한 명이 고유하지만, 한 개인은 군집을 형성하고 이 군집은 고유한 성격을 갖게 된다. 한국과 일본의 국민성이 다르듯이 커뮤니티의 특성이 달라지게 된다. 이런 식으로 고객층을 무조건 세부적으로 나누는 것이 아니라 주요 고객층을 군집화 해서 보는 것이다. 그러면 마케팅의 전반적인 방향이 지향해야 하는 부분이 더 분명해진다.

대부분 대도시 중심가 병원의 페르소나는 비슷하다. 그리고 그 고객군에 속해있지 않은 사람이라고 하더라도 그런 사람으로 보이기 위한 지향이 있다는 것은 분명하다고 볼 수 있다. 그래서 작은 요소라도 '고급스럽게' 지향하는 것이 중요하겠다. 만약 지방의 작은 도시의 마케팅을 이렇게 작은 요소라도 '고급스럽게' 지향한다면 거꾸로 고객을 모으기 어려울 수 있다. 부담이 되기 때문이다. 그러나 이 '고급스럽게'라는 단어에 하나를 더 첨부하는 것이 중요한데, 바로 '합리적이게'라는 컨셉이다. '고급스럽게'만 지향할 경우 일정 수준 이상 브랜딩이 되기 이전 단계라면 매출 달성에 어려움을 겪을 수도 있다. '합리적이게'라는 단어는 매우 비합리적인 단어이다. 합리적이라고 하는 용어는 아주 개인적인 용어이기도 하다. 합리라는 것은 개인마다 다르므로 사실은 마법의 문장과 다르지 않다. 이것은 '싸게', '저렴하게'라는 단어가 주는 어감을 피하면서 경제력이 부족한 사람도 그물망 안에 둘 수 있는 가치있는 단어라고 할 수 있다.

카피 하나를 만들더라도 그것이 '고급스럽고 합리적인가'라는 기준에 부합하는지를 페르소나 캐릭터에 대비해 볼 수 있겠다.

이렇게 컨셉이 정해졌다면, 나머지는 Push와 Pull의 원리를 동원하여 예산에 맞는 배분이 중요하다. 예산이 풍부하다면 많은 영역을 점유하고 부족하다면 클릭 수를 많이 낼 수 있게 배분하는 것이 제일 현명한 방법이다. 여기서 중요한 것은 클릭 수라는 것을 잊지 말아야 한다. 과거에는 구매 전환 단계부터 영역을 채우는 것을 중요하게 여겼다. 그러나 지금은 마케팅 단가가 올라서 구매 전환 단계의 모든 광고는 비싸다. 그럴 때는 접촉 수를 늘려서 마케팅 설계를 하는 것이 무엇보다 효과를 낼 수 있는 방법이 되겠다. 그러나, 어떤 대도시 중심가의 병원 마케팅도 아주 최소의 비용이라고 했을 때는 시간이 오래 걸릴 수밖에 없다. 비용이 적을 때 또 하나의 문제는 치료 영역의 터미널 단계에 있는 환자들이 온다는 것이다. 우리가 마케팅 예산이 적다면 노출이 많을 수 없고, 그러면 결국 콘텐츠로 승부를 볼 수밖에 없다. 이럴 경우, 마지막 단계의 환자들이 올 수밖에 없다. 치료를 해 봐도 안되는 단계의 환자들은 정말 끝까지 검색해서 노출이 잘 안되는 것까지 보고 선택을 하는데, 치료 역량은 올라갈 수 있으나 쉽지 않은 길이 될 것이다.

결국 대도시 중심가에 병원을 만들었다는 것은 승부를 보겠다는 것인데, 제대로 마케팅하고 제대로 비용을 써서 효과를 보는 것이 좋겠다. 그리고 한 가지, 크게 승부를 보겠다고 시작한 마당에 적당히 중간 정도 수준에서 만족하지는 않았으면 좋겠다. 경쟁이라는 것은 멈추는 순간 경쟁자를 양산하게 되어 있다. 당신이 하는 마케팅 활동에 비밀이라는 것이 존재할 수가 없다. 당신을 모방하는 경쟁자들이 조용히 몰려들 것이다.

《손자병법》에 보면 '풍림화산(風林火山)'이라는 개념이 있다. 자연을 가지고 군대의 운용에 빗댄 것이다. 이것은 소프트뱅크의 손정의 회장이 '해(海)'를 더해서 '풍림화산해'라는 개념으로 다시 정리를 하였다. '해'는 바닷물로 경쟁자를 쓸어버린다는 것이다. 적당히 성공했다고 생각하는 순간 경쟁자가 나를 상대로 밀고 들어오는데, 이런 가능성을 줄여 버린다는 개념이다. 당신의 병원이 대도시 중심가에 있다면 경쟁에서 온전히 이길 수 있을 때까지 밀어붙여야 한다. 아니라면 경쟁의 도가니에 다시 빠지게 된다.

비급여 병원 마케팅2
: 수도권 외곽과 중소도시 병원

2024년 9월 아바타[1] 프로코스를 하기 위해서 미국의 올랜도에 도착했다. 2009년도에 시작해서 2013년까지 아바타 프로그램에서 시행하는 다양한 프로그램을 했고, 이후에는 인도와 유럽에서 하는 다른 프로그램들을 하기 위해서 다니다 보니 11년 만이었다. 코비드19 이후 열리는 오랜만의 코스기도 했다.

미국은 차량이 없으면 이동하는 것이 쉽지 않다. 호텔에서 택시를 불러달라고 해서 한참을 기다렸다가 이동을 해야 하는데, 오랜만에 미국에 와서 너무 놀란 것은 우버(Uber) 때문이었다. 앱으로 그냥 부르면 오는 이 시스템이 신선했다. 물론, 한국이야 카카오 택시가 대중화되었지만, 오랜만에 미국에 와서 시골 촌뜨기처럼 신기해했다. 한인 마트에도 매일 갈 수 있어서 먹는 것도 불편

---

[1] 해리 팔머(Harry Palmer)가 창시한 아바타 코스(Avatar Course)는 개인의 내면 탐구와 의식 확장을 목표로 하는 자기계발 프로그램이다.

하지 않게 있다가 왔다. 기존에 불러서 타던 택시보다 가격도 저렴했다.

이 우버라는 서비스는 이미 미국에서 대중화되어 있다. 무슨 옛날 이야기를 하고 있나 하겠지만, 미국은 택시 타는 것이 쉽지 않았다. 그러나 이제는 거의 모든 대도시는 우버로 이동을 할 수 있을 정도로 대중화가 되었다. 2013년만 하더라도 우버가 아직 크게 성장하지 않은 시절이라서 호텔 프론트에 부탁을 해서 택시를 불러 이동하던 기억이 난다.

이 우버는 2009년 미국의 샌프란시스코에서 UberCab이라는 소규모 앱으로 시작한 서비스다.[2] 2013년에도 미국의 올랜도 같은 관광도시에도 없었던 것이 이제는 전 세계 10,000여 개 도시에서 사용이 가능하게 발전한 것이다. 의료계에도 이렇게 작게 시작한 클리닉이 세계적인 클리닉으로 성장한 케이스가 많다.

우리가 잘 알고 있는 메이요클리닉도 처음에는 의사 한 명에 간호사 2명으로 시작한 클리닉이다. 지금은 직원이 7만 명에 달한다. 인구 1,500명이던 로체스터는 2020년 기준 21만 명이다. 이 도시 전체가 메이요클리닉의 운영에 연결된 인구가 대다수이다. 이렇게 글로벌한 케이스가 아니라고 하더라도 국내도 작은 클리닉으로 시작해서 지금은 병원급으로 발전한 병원들은 얼마든지 있다.

연세사랑병원은 1999년 서울 강서구에서 소규모 정형외과 의원으로 시작했으나 현재는 150병상 규모의 관절전문병원으로 성

---

[2] 한국의 카카오 택시는 2015년에 사업을 시작했으니 우버보다 6년이 늦었다.

장했다. 나누리병원도 수원에서 작은 척추클리닉으로 시작을 했으나 지금은 5개의 병원으로 성장했다. 세란병원은 1992년 서울 종로구의 산부인과의원으로 시작했으나 현재는 150병상 규모의 여성 특화 종합병원으로 성장했다. 동신한방병원은 1993년 서울 강남에서 개인 한의원으로 시작했으나 현재는 100병상 규모의 한방 병원이 되었다. 자생한방병원, 동서한방병원 등등 이렇게 셀 수 없이 많은 케이스가 있다. 이것은 비단 서울에 국한된 것이 아니다. 지방의 작은 도시에서 시작해서 크게 성장한 케이스도 찾아보면 얼마든지 있다. 이 병원들은 여러 가지 우여곡절을 겪으면서 성장을 하였으나 이런 병원들이 성장한 케이스 덕분에 지금 성장하려고 노력하는 병원에는 무엇보다 이렇게 만들어진 길을 통해 지름길이 제공되고 있는 것이다. 한국도 이렇게 전문 2차 의료 기관이 성장할 수 있다는 것을 보여준 케이스가 많다. 그리고 한의원이 병원급으로 성장할 수 있다는 케이스를 보여준 것도 의미가 있다고 하겠다.

우선 수도권 외곽이나 중소도시의 병원들은 서울을 지향하는 것이 필요하다. 컨셉으로 보자면 이렇다. '서울이 아니어도 최고를 누린다.', '서울까지 가지 마세요. 파주에서 만나는 서울급 의료 서비스', '서울의 전문성, 이웃의 따뜻함' 등이 모두 해당이 된다. 물론 컨셉은 단계적으로 시행되는 것으로 규모가 발전함에 따라서 메시지는 변경이 될 수 있다. 지금은 우리가 작은 규모라서 서울을 지향하지만 나중에는 '세계적인'이라는 메시지를 쓸 수도 있겠다.

조금 더 작은 규모의 로컬 의원의 경우라면 주변의 큰 도시를 지향해서 점점 지향점이 커져가면 되겠다. 이럴 때 메시지는 직관적이어야 한다. 애둘러서 돌아가지 말고 도시명을 적시하는 것이 좋다. 다만, 그렇다고 해서 병원명에 서울이라는 단어가 들어가는 것은 현명한 방법이 아니다. 결국 마케팅이라는 것은 검색 기반으로 움직이기 때문에 내가 위치한 곳이 지방인데 서울이라는 단어가 병원명에 들어가는 것은 마케팅에 도움이 되지 않는다. 병원명에는 무조건 내가 타깃으로 하는 지역명을 넣고, 핵심 메시지에 내가 지향하는 규모의 도시명이 들어가는 것이 좋다.

의료 장비부터 콘셉트 및 메시지 등도 지향점을 정확하게 향해 있는 것이 매우 중요하다. 무엇인가 한가지라도 지역의 경쟁자들보다 차이가 있어야 한다. 서울에 있는 특화된 의료 서비스 중에서 내가 할 수 있는 아주 작은 부분이라도 연결을 해서 적용하고 마케팅을 하는 것이 좋겠다.

의료진의 숫자는 무엇보다 중요한데, 로컬이라고 가정해서 의료진의 숫자가 적을 경우에는 간호 인력이라도 많게 해서 드러내는 것이 중요하다. 대부분의 초진들은 규모로 서비스의 질을 평가하는 경향이 강하다. 물론 모든 것은 진료 역량이라는 것이 중요하다. 그러나 의료 서비스라는 것은 품질을 평가하기가 쉽지 않다. 정보의 사이즈에서도 소비자 보다 공급자가 절대적으로 많은 정보를 가지고 있으며, 동시 사용이 불가능한 것이 의료 서비스이므로 환자들은 의료의 질을 있는 그대로 평가하지 못하기 때문에 자신이 느끼는 감으로 평가하는 경우가 많다.

이것은 친절도 아니고, 정보를 제때에 정확하게 전달하는 것이 핵심이다. 정보 전달을 제대로 못하면 자신이 받은 서비스에 대해서 불만이 생긴다. 이런 것은 친절하다고 해결되는 것이 아니다.

마지막으로 강조하고 싶은 것은 컨셉과 메시지 발굴의 중요성이다. 광고라는 것을 그냥 돈으로 해결하려는 경향이 있는 의료 기관들을 보면 답답할 때가 많다. 마케팅이라는 것은 컨셉과 그것을 받쳐주는 메시지가 있어야 성공할 수 있다. 그런데 의료 기관의 컨셉과 메시지라는 것이 너무 많은 욕심으로 인해서 중복이 되거나 서로 다른 컨셉이나 의도들이 섞여서 무슨 말을 하고자 하는 것인지 모를 때가 많다. 컨셉은 더 그런데, 여러 가지 의미들을 뒤섞다 보니 지향점이 무엇인지 알 수 없는 안타까운 경우를 많이 보게 된다.

지향점이라는 것은 단계적으로 성장하는 것이지 처음부터 골대 앞에 서있다고 해서 목표에 도달하는 것이 아니다. '메타인지'라는 것이 내가 서 있는 위치와 나의 발전에 대한 있는 그대로의 판단이다. 메타인지가 되지 않으면 공부를 잘할 수 없듯이, 메타인지가 되지 않는 의료기관은 절대로 발전할 수 없다. 메이요나 우버 역시 단계적으로 성장한 만큼 필요한 목표와 컨셉 그리고 메시지가 계속 발전해 왔다는 것을 교훈으로 삼기를 바란다.

급여 병원 마케팅

2020년 초 우리는 특화 비급여가 아닌 일반 환자를 중점적으로 진료하고자 하는 한의원 개원의의 연락을 받았다. 보통 특화를 많이 하려고 하는데 일반 진료를 중점적으로 하고자 하는 이유를 물었더니 아직 특화 진료에 자신이 없다는 의견이었다. 그러나, 한의원이 자리를 잡으면 비급여를 늘려가고 싶다는 의견이었다. 그래서 우리의 첫 번째 질문은 다음과 같았다.

"지역은 어디를 생각하시나요?"

"서울이면 어디에 가든 상관없습니다. 좋은 자리 말씀해 주시면 이사가도 됩니다."

이런 경우가 사실 가장 좋은 경우라고 할 수 있다. 특정 지역으로 한정되면 더 좋은 지역이 나온다고 해도 큰 의미가 없어지는 경우가 많다. 그래서 우리는 큰 틀로 먼저 분석을 시작했다.

2020년을 기준으로 한의원 1개당 점유인구가 가장 많은 서울의 동네를 찾아보았다.

- 강서구 가양동 : 약 4,500~5,000명
- 노원구 상계동 : 약 4,300~4,800명
- 송파구 장지동 : 약 4,200~4,700명
- 강동구 고덕동 : 약 4,100~4,600명
- 은평구 진관동 : 약 4,000~4,500명

이 지역의 특징은 대규모 아파트 단지가 있어 인구 밀도가 높음, 상대적으로 신규 개발 지역이거나 주거 중심 지역, 상업 시설이 밀집된 중심가와는 거리가 있음 등이다. 이 지역을 다시 가구의 경제적 부유함의 정도로 다시 분류해 보면, 1) 송파구 장지동, 2) 강동구 고덕동, 3) 은평구 진관동, 4) 노원구 상계동, 5) 강서구 가양동 순이 된다. 경제적 부유함의 정도는 부동산가치, 평균 가처분소득, 교육 환경, 생활 인프라, 인구통계학적 특성들로 기준을 잡게 된다. 그래서 결정된 지역은 우선 송파구 장지동이었다.

이 지역에서 3곳의 사이트를 결정한 후 비교 분석하여 최종 결정한 곳에서 오프라인 분석에 들어갔다. 두 달에 걸쳐 인근 지역 진료의 심층 인터뷰, 인근 주민 갱서베이(Gang Survey)[1], 로드 탐방, 병원 경쟁 조사, 통계 자료 조사 등 다각도로 분석을 시작했다. 주

---

[1] 갱서베이(Gang Survey)는 '집단'을 의미하는 갱(Gang)이라는 단어에서 유래했듯이 훈련된 조사원들이 직접적으로 소비자들을 찾아가는 일반적인 서베이와는 달리 일단의 참석자들을 일정한 시간에 일정한 장소에 모이게 한 후 한 번에 조사를 진행하는 서베이 형태를 말한다.

로 내과, 가정의학과, 한의원 등 급여 병원들의 경우 21명 정도와 인터뷰를 진행했다. 이 중에서 한의원은 해당 지역에 대형 한의원 때문에 다들 신규 개원의가 들어온다면 어려울 수 있다는 말이 나왔다. 물론 기존의 병원들은 새로운 경쟁자가 생기는 것을 달가워하지 않으니 이렇게 말할 수 있다. 그러나 인근의 부동산들까지도 모두 돌아본 결과 한의원은 최근 몇 년간 신규 개원 문의가 전혀 없었다는 것을 알 수 있었다.

이것은 전형적인 착시현상이다. 우리는 앞서 한의원 한 개소당 인구 점유를 먼저 살펴보고 시작을 하였다. 2020년 기준 전국 한의원 1개당 평균 점유 인구수는 3,700명이었다. 그리고 서울은 2,300명이다. 송파구 장지동이 약 4,200~4,700명이었으니 인구수 자체로만 판단한다면 훨씬 유리한 셈이다. 그리고 장기적으로 비급여를 고려한다는 것을 본다면 무엇보다 배후지역의 환경과 소득 정도를 고려해서 보다 우수한 지역을 먼저 점유한 후 경쟁 분석을 하는 것이 기본이라고 할 수 있다.

데이터를 면밀히 보자면 결국 이 지역은 다른 지역보다 한의원 성공률이 높은 지역이라고 할 수 있다. 잘 판단해 보면 어렵지 않게 경쟁에서 우위를 점할 수 있는 방법을 찾을 수 있다.

예전에 한 컨설턴트가 내과 의사들을 대상으로 한 강의를 들은 적이 있다. 강의의 시작은 '폭포주' 효과라는 것에 대한 이야기였다. 잔을 쭉 쌓아 놓고 맨 위에 잔에 술을 부으면 모든 잔에 술이 차듯이, 사거리에만 나가도 병원이 많은데 우리 병원에 오는 환자들은 우리가 잘해서 오는 것이 아니라 다른 병원의 환자가 넘쳐서 우리에게 오는 것일 수도 있다는 농담이었다. 그러나 이는 뼈가 있는 농담이다. 급여 병원은 차별화를 만들어내는 것이 매우 어렵다는 말이다. 한 동네만 하더라도 여러 병원이 있고, 대부분 비슷한 진료를 하기 때문에 얼마든지 다른 병원에 갈 수 있다. 이런 상황이 겉보기에는 치명적인 상황인 것 같지만, 오히려 급여 병원의 마케팅 힌트가 바로 여기에 있다. '우리가 아니라 다른 곳에도 얼마든지 갈 수 있는 환자'에게는 '누가 먼저 환자의 눈에 띄는가'가 관건이다. 그런데 급여 병원의 대부분은 마케팅을 하겠다는 생각을 전혀 하지 못한다. 앞서 분석한 동네병원과는 조금 차이가 나는데 이것은 환자의 객단가와 상관관계가 있다.

비급여 병원의 경우 한 번 고객을 받으면 최소 50만 원에서 300만 원, 수술의 경우에는 1,000만 원 이상도 받는다. 그래서 마케팅에 대한 판단을 환자 수로 쉽게 계산할 수 있다. 1,000만 원 매출을 더 올리려면 10명을 받으면 되는구나.' 하는 식이다. 그런데 급여 환자로 매출을 발생시키려면 객단가가 낮으므로 쉽게 큰 비용을 결정하지 못한다. 바로 여기에 함정이 있다. 비급여 병원의 경우에는 세밀하게 전략을 따지지 않고 조금 하다 효과가 나지 않으면 자주 대행사를 교체하는 경우가 많은데 이렇게 하다 보니 장기적인 플랜 수립이 불가능하다. 이것은 브랜드 가치에 악영향을 미치고 자원만 낭비된다. 그래서 정작 노출을 잡아야 하는 것에는 노출이 되지 않고 한쪽에 편중되는 경향을 보인다.

상대적으로 급여 병원의 경우에는 온라인 마케팅을 하는 병원이 많지 않다. 그래서 적은 광고비용으로 큰 효과를 기대할 수 있는 것이다. 블로그 마케팅을 한다고 할 때 세 가지의 가치 기준으로 평가를 해야 한다. 방문자 수, 상위 노출 비중, 잠재고객 확보

제목 등인데, 이 세 가지 중에서 한 가지라도 충족이 되어야 한다. 미용, 성형, 비만 등 치열한 경쟁 시장에서 높은 방문자수를 만드는 것은 매우 어렵다. 상위 노출은 파워블로그를 쓰지 않으면 생각하기도 어려운 시장이 되었다. 그러나 급여 진료는 블로그의 점유율을 높이기가 상대적으로 쉽다. 광고를 하는 병원이 많지 않기 때문이다.

지역 급여 병원의 경우 경쟁이 심하지 않으니 키워드에 들어가는 비용도 그만큼 적다. 그리고 블로그 등 바이럴 광고에 들어갈 키워드 역시 경쟁이 적다. 그러므로 키워드 광고를 하던 바이럴 광고를 하던 경쟁이 적다는 것은 비용이 덜 들어갈 수 있다는 것을 의미한다. 이렇게 급여 병원의 경우에는 메인 키워드와 지역 키워드를 모두 잡고 연관, 세부 키워드까지 고객의 경로를 고려해서 잡는 것이 효율의 중요한 차이를 만들어낸다.[2]

급여 병원은 키워드를 잘 설계해서 사용하고 비교 검토 영역 중에서 하나만 제대로 잘 써도 충분히 매출 증대 효과를 볼 수 있다. 물론 매출이 얼마나 오를 것인가의 문제가 남는데 이런 질문을 받으면 나는 다시 광고주에게 되묻는다. "원장님은 얼마나 성장할 계획입니까?"

성공하는 데 필요한 것은 어림짐작이 아니라 정확한 경쟁 상황을 파악하는 것이다. 통계청의 데이터와 주변 상황만 잘 파악해도

---

2) 2025년 현재 이런 급여 지역 병원의 경우 플레이스 순위를 잡는 것이 제일 중요해졌다고 해도 과언이 아니다. 다만, 이것은 현 시점의 이슈이고 시간이 지나면 바뀔 수 있다. 시장 상황에 따라 어떤 마케팅 영역이 가장 중요한지는 변할 수 있어도 마케팅의 효용 가치 자체가 변하지는 않는다.

어느 정도의 환자가 올 수 있는지 예측 가능한 시장이 급여 병원이다. 비급여 병원의 경우에는 질환이 아니라 미용인 경우가 많으므로 고객 예측이 상대적으로 어렵다. 그러나 급여 병원의 경우에는 대부분 급성 질환이나 통증 질환 및 전염성 질환 등이 대부분이므로 예측이 가능한 측면이 있고 지역을 한정할 수 있는 장점이 있으므로 상대적으로 적은 비용을 통한 선점이 가능하다.

급여 병원은 앞서 설명한 송파구에 개원한 한의원의 상황처럼 브랜드 인지를 누가 먼저 하느냐의 싸움이다. 적은 비용이 가능하다는 것은 많은 비용을 쓰면 해당 지역에서 확고한 브랜드 인지가 가능한 수준까지 성장할 수 있다는 의미이기도 하다. 지역의 작은 병원이 몇 달간 강남에 있는 병원처럼 마케팅 비용을 쓴다면 그 지역 1위가 되는 것도 어렵지 않다.

급여 병원의 경우 제대로 된 마케팅 플랜을 가지고 집행한다면 2배 초진 성장뿐 아니라 지역 1위 병원으로 성장하는 것도 어렵지 않다. 물론 이러한 가정은 자기 병원의 장단점과 차별화 요소를 잘 알고 있어야 한다는 전제가 붙는다. 그리고 제약회사 제공 광고물을 제거하고 환자에게 제공할 처방과 시술에 대한 광고물을 제대로 기획 제작해서 붙이는 것이 중요하다. 제약회사나 기기 회사에서 제공하는 광고물의 경우 환자 친화적이 아니다. 광고물은 한번에 보고 이해해야 한다. 초진을 잡았다면 재진 환자를 내부에 가둘 수 있는 전략이 필요하다. 초진이 계속 온다고 해도 재진이 쌓여가지 않는다면 의미가 없다.

매출을 증대하는 방법은 3가지뿐이다.

1) 신규 고객이 오는 것

2) 재진 고객이 기존에 구매하던 시술을 다시 구매하는 것
3) 재진 고객이 기존에 구매하지 않던 시술이나 치료를 구매하는 것

우리 병원에 있는 광고물은 '의료적 지식이 없는 고객을 이해시키기에 충분한가', '아주 명확한 메시지를 담아서 고객의 흥미를 유발할 수 있는 광고물인가' 등에 대해 명확한 답변이 되는 광고물을 붙여야 한다. 원내 홍보물만 잘 개발해도 매출은 늘어난다.

네트워크 병원과 프랜차이즈 병원 마케팅

6

　모든 병원들이 보건소와 씨름하는 경우가 많다. 민원이 들어오면 특히 신경이 곤두서지만 어떻게 할 수가 없다. 갑은 결국 보건소니까. 모든 병원들이 경험한 이러한 이슈들은 지역별로 편차가 있다. 경쟁이 치열한 곳과 그렇지 않은 곳의 보건소 담당자들은 바라보는 관점이 많이 다르다. 보건소 담당자들은 순환 근무를 하는데도 지역의 색깔이 유지된다는 것은 신기한 일이다.

　몇 해 전 네트워크 병원의 이슈였는데, 병원명이 다른데 마케팅을 공동으로 하는 것은 안되고, 사이트에서 이름을 빼라는 민원이 들어왔다. 고민하던 끝에 '청주 지점' 이런 식으로 지점이 아니고 '청주 지역' 이런 식의 지역으로 바꾸는 것으로 결정을 한 후 보건소 담당자들과 협의에 들어갔다. 전체 30개 지점 중에서 28개 지점의 보건소 담당자는 모두 괜찮다고 하였는데 2개 지점의 담당자가 완강하게 안 된다고 해서 우리는 다시 고민에 빠졌다.

그래서 결국은 보건복지부에 의견을 청취해 보겠다고 했더니 그 2명의 담당자들은 다시 우리에게 연락을 하지 않았다. 그래서 한동안 보건소 민원이 왔을 때 보건복지부를 활용하고는 했다. 그러나 현재는 보건복지부에 민원 상담을 넣으면 보건소 담당자와는 다른 의견을 이야기해 놓고는 문구 말미에 '보건소 담당자와 협의해서 진행하라'는 문구로 매듭을 짓는 경우가 많다. 면피다.

이렇게 전국의 보건소 담당자들마다의 성향에 따라서 의료법 적용 방식이 다르다. 이렇게 다른 것은 비단 보건소 담당자의 성향만 있는 것이 아니다.

전국의 지점들은 모두 동일한 아이템으로 시술하지만, 경쟁 환경과 환자들의 성향은 다르다. 이 모든 다른 지점들이 동일한 마케팅을 사용해서 동일한 성과를 내는 것은 불가능에 가깝다. 그래서 지점별로 다른 전략이 필요하다.

우리는 마케팅 문의가 들어오게 되면 분석을 하는데 2~3주 정도의 시간이 걸린다. 온라인 상에서의 경쟁 정도를 분석하자면 시간이 걸린다. 그리고 필요한 경우에는 오프라인도 분석할 경우가 있다. 결국 환자의 시각에서 경쟁자들을 살펴보고 경쟁자의 시각에서 우리의 약점이 무엇인지 볼 필요가 있다. 시간을 들여서 분석을 해 보고 나면 건물의 평면도처럼 다른 시각으로 경쟁에 대한 구도를 살펴볼 수 있다.

《삼국지》에 보면 유비는 서서와의 만남을 통해서 전략에 대해 눈을 뜨게 된다. 유비군은 조인의 군대가 펼친 팔문금쇄진(八門金鎖陣) 때문에 전투의 양상이 어렵게 전개된다. 그때 서서는 산 중턱에 유비와 올라서 파해법(破解法)으로 이 진을 깨는 과정에 대해서 설명하는 대목이 나온다. 우리도 이렇게 시각적 차이를 만들어서 전체 구도를 다시 보는 방법을 사용한다. 경쟁 구도를 매트릭스로 만들어서 진형도나 평면도와 같은 형태로 놓고 분석을 한다. 그렇게 되면 각 경쟁자별 노출면적과 점유율을 계산할 수 있는데 이것은 마케팅 효율을 측정하는 하나의 기준이 될 수 있다. 이렇게 보면 어느 브랜드가 비용을 낭비하는지 효율적인지 평가가 가능하다.

콘텐츠에 대한 평가도 필요하다. 결국 환자들이 내원 전에 볼 수 있는 것은 콘텐츠인데 그 콘텐츠에서 제시하는 메시지가 무엇이며 무엇을 어필하여 강점을 강조하고 광고하고 있는지 비교해 보면 소비자의 머릿속에 우리 지점과 다른 경쟁자들이 어떻게 포지셔닝 되어 있는지 판단해 볼 수 있다.

1) 노출의 효율에 대해서 평가한다.
2) 콘텐츠의 메시지에 대해서 분석한다.
3) 이 두 가지가 어떻게 소비자의 머리속에 포지셔닝 되어 있는지 추정한다.

사이트에서도 차별화가 이루어져야 하는데, 네트워크 병원 지점들의 경우 거의 대부분 동일한 UI로 사이트를 설계한다. 문제는 경쟁자가 서로 다르기 때문에 지점별로 강조해야 하는 부분이 다르다는 문제가 발생한다. 각 지역의 경쟁자가 다르므로 동일한 사이트의 UI로 접근하는 것은 전략적인 한계를 노출하게 된다. 돈을 더 많이 써야 하는 지점과 돈을 덜 써도 되는 지점이 있다는 것은 현실적으로 모든 지점이 공유해야 하는 이슈이다. 그러나 참 어려운 지점이다. 그래서 네트워크 병원들의 마케팅 전략에는 반드시 정치적인 합의가 이루어져야 하고, 이러한 정치적인 합의는 1:1로 시작해서 공동의 합의가 이루어져야 하는 것이다.

앞서 말한 것처럼 경쟁이 다른 상황 속에서 전국 마케팅 비용 평균이라는 논리는 개념적 한계를 지니게 된다. 그래서 매출 대비 마케팅 비용 혹은 경쟁의 상황을 기준으로 삼은 마케팅 비용을 책정하는 과정적인 논의 수행이 전제가 되어야 한다. 그러나 문제는 이런 수행을 하기에는 네트워크 본부의 역량이 부족하다는 현실이다. 보통 프랜차이즈의 경우 본사의 힘이 막강할 수 있지만, 의료의 경우에는 본점과 지점의 힘 균형에 있어 본사가 강력하기 어렵다는 한계가 있다.

이런 정치적인 이슈들을 제외하고 본사가 힘을 갖기 어려운 이유는 경영적인 한계가 있기 때문이다. 해당 지역의 시장 상권 분석부터 경쟁 병원 분석을 통한 우위 전략 도출 및 실행까지, 이 모든 과정을 수행할 만한 역량을 갖추지 못한 경우가 많다. 지점의 원장이 받아들이느냐 아니냐는 부차적인 문제이다. 중요한 것은 이러한 관점을 가지고 경영적으로 브랜드 프랜차이즈를 운영할 수 있는 역량이 있는가 하는 점이다. 역량이 있다면 시간 문제이지 반드시 성과가 난다.

우선 다음과 같이 성공 전략을 정리할 수 있다.

1) 본점과 지점의 1:1 정치적 이슈 정리
2) 공통의 합의 구축 - 지점별 전략 수립의 필요성과 비용의 차

등 지출
3) 온라인과 오프라인 및 마케팅 전략에 대한 지점별 구축
4) 전략 수행 및 성과 평가
5) 전략 수정 및 성과 평가

네트워크 병원이 성공하기 위해서는 인하우스에 역량 있는 관리자와 직원을 채용하는 것이 무엇보다 중요하다. 물론, 모든 것이 그렇겠지만 인사(人事)가 만사(萬事)다.

비급여 병원 마케팅3 : 메가 로컬 및 2차 진료 기관 마케팅

7

우리 회사를 한 단어로 정의하자면 '집착'이라고 할 수 있다. 의식과 영성의 과정에서는 아주 배척해야 할 단어이지만, 어떤 것의 결과를 내고자 할 때는 무엇보다 중요한 것이 집착이다. 글을 작성하는 것도 퇴고를 많이 하면 할수록 글의 완성도가 올라간다.

우리는 키워드 광고에서도 아주 작은 요소까지 세심하게 분석한다. 예를 들어, 키워드 광고의 경우 오전과 오후의 단가가 차이가 난다. 대부분의 마케팅 대행사들은 오전부터 경쟁을 붙여서 오후에는 키워드 예산이 소진되는 경우가 많다.[1] 그래서 오후에는 우리가 보다 효율적으로 노출할 수 있는 여력이 많다. 키워드도 고가와 저가를 나누어서 경쟁입찰을 한다. 시간대에 따라서 경쟁하

---

[1] 실제로는 큰 노력을 들이지 않는 것이다. 마케팅 대행사의 키워드 계정을 보면 캠페인 그룹이 하나인 경우가 많다.

는 방식이 달라진다. 무엇보다 키워드 광고는 클릭 수가 중요한데 이렇게 꼼꼼하게 접근해야 효율이 좋아진다. 같은 예산으로 많게는 클릭 수 2배까지 차이가 난다.

홈페이지도 한 번 만들고 끝이 아니라 페이지를 지속적으로 개선하거나 새로 생산해서 글로벌 메뉴에 붙이고 이것을 키워드에 연결한다. 키워드 패턴이 계속 변화를 하기 때문에 적확한 매칭이 애매한 경우가 있기 때문이다. 그래서 마케팅이라는 것은 디테일이 승부의 요소라고 할 수 있다.

로컬 클리닉의 경우라면 아주 작은 요소부터 광고를 시작하게 된다. 홈페이지에 원장의 진료 일기를 매일 작성하는 것이라든지, 블로그를 쓰는 것, 플레이스에 이벤트를 해서 후기를 올리는 것, 지식인에 글을 작성하는 것 등 작은 것으로 시작해서 큰 쪽으로 확대를 해나가게 된다. 그러나, 메가 로컬이나 전문병원의 마케팅은 보다 세밀하고 심도 있게 접근을 해야 한다. 그렇지 않으면 빛 좋은 개살구가 되게 마련이다.

메가 로컬이라 함은 브랜치의 개수에 상관없이 총 매출 기준으로 보자면 50~300억 사이를 말한다. 전문 병원은 진료나 시술의 아이템에 따라 다른데, 대부분 1,000억을 넘지는 않는다.[2] 이 정도 되는 의료 기관들은 직원 수도 많아서 커뮤니케이션의 어려움을 겪는 경우도 많다. 그만큼 규모가 커졌다는 것이다.

마케팅이라고 하는 것은 광고와는 다른 단어이다. 마케팅이라는 단어는 시장을 만드는 과정이라고 해석하는 것이 제일 맞는 표

---

2) 빠르게 분류하기 위해 매출을 기준으로 했으나 평가 지표는 다양하다.

현이라고 여긴다. 결국 시장에서 물건을 사고 파는 행위가 일어나는 것이고 우리 병원의 시장을 유·무형으로 형성하는 과정이라고 판단하면 되겠다.

무엇보다 시작은 판단이다. 시장의 현황에 대한 판단이다. 우리의 강점, 약점, 전문 진료 분야의 레벨 정도, 의료진의 역량, 환자 만족도, 해당 진료 분야의 트렌드, 경쟁 병원의 전략, 지역적 특성, 고객의 니즈 등을 점검할 필요가 있다. 이 부분들을 살펴보게 되면 우리의 위치가 어디인지가 드러나게 된다. 앞서 언급했던 메타인지가 그것인데, 결국 환자의 입장을 가미한 시장의 객관성을 가진 시각으로 평가를 해보는 것이 중요하다. 이렇게 하면, 목표 설정이 가능해진다. 예를 들어 신규 환자 유입률 20% 증가, 재방문률 30% 증가, 고객 만족도 향상 등이 그것이다.

우리 병원의 데이터를 살펴보는 것도 필요하다. 연령, 성별, 소득수준, 병원 선택의 이유, 라이프 스타일 등을 분석하여 고객 세그먼트별 페르소나 구성이 가능하다. 이때 중요한 것은 구체적이고 입체적으로 고객을 이해할 수 있도록 페르소나 구성을 해봐야 한다는 것이다.

이 정도 분석과 기획이 진행되면 컨셉 정리가 가능하다. '가족 친화형 병원', '첨단 기술 기반 정밀 검진센터', '라이프 스타일 맞춤형 건강 관리 보약 클리닉' 이렇게 된다면 캠페인 메시지 발굴도 가능해진다. '가족 건강을 지키는 든든한 마장동 건강 파트너', '첨단 기술로 지키는 당신 가족의 건강', '내 나이와 계절에 맞는 맞춤형 보약 솔루션' 등이다. 이는 다만 예시일 뿐 정확한 분석이 된다면 파고드는 메시지 설계가 가능하다.

이쯤 되면 광고에 대한 전략이 시작된다. 온라인과 오프라인의 채널을 정리한다. 홈페이지, 블로그, 영상, SNS, 검색광고, 모바일 앱, 브로슈어, 리플렛, 옥외광고, 건강강좌, 지역 사회 협력 행사 및 캠페인 등이다. 어떻게 효과적으로 우리가 만든 컨셉을 녹여서 메시지가 아주 정확하게 전달이 되도록 할 것인가 하는 이슈만 남게 된다.

그리고 이러한 과정이 작동되도록 하려면 반드시 CRM에 대한 설계가 필요하다. 설계라고 하니까 코딩이나 개발을 말하는 것이 아니다. 환자의 데이터 중에서 어떤 것을 수집하고 어떤 방법으로 수집할 것인가 하는 문제다. 우리 내부 직원들 사이에서도 필요하고 고객과의 관계에서도 어떤 방식으로 커뮤니케이션을 할 것인지 어떤 내용을 전달하고 받을 것인지, 그리고 이것을 어떻게 Data로 구축을 해서 쌓아갈 것인지에 대해 설계해야 한다..

고객의 로열티에 대한 평가와 혜택은 어떻게 제공할 것인가, 마지막으로 고객으로 부터 피드백은 어떻게 받을 것인가하는 부분까지….

이것은 객관적으로 바라보고 워킹하는 구조를 만들어야만 고객의 피드백을 클레임으로 보지 않고 데이터로 바라볼 수 있다.

그 다음은 실행과 운영을 할 수 있는 관리 체계가 필요하다. 마케팅 및 CRM 담당자의 역할을 명확하게 하고 지속적인 교육이 진행되어야 한다. 리소스도 충분히 할당이 되어야 한다. 마케팅 성과와 CRM을 연계하여 시스템이 운영되어야 한다. 마케팅 성과, 캠페인 반응율 등과 CRM 데이터가 통합되어 분석이 되어야 한다. 이것이 정기적으로 운영이 될 수 있도록 성과지표가 만들어져

야 하며 이것이 점검되고 개선할 수 있는 시스템이 운영되어야 한다.[3]

이 모든 과정들을 도식적으로 이야기를 하였으나 모든 과정들은 하나 하나 중요한 것이다. 인력이 많다는 것은 그만큼 필요에 의한 것이다. 그러나, 필요한 곳에 필요한 사람을 앉히는 것만큼 핵심적인 요소는 없다. 팀 간의 협업, 외부 업체와의 협업 등이 특히 중요한데, 가장 중요한 것은 대표 원장의 커뮤니케이션 방식에 대한 학습이다.

병원의 성장하는 과정은 단계가 있다. 그 단계마다 핵심 요소들이 있고, 그 핵심 요소에 맞는 시점에 바른 인력이 자리에 있고 워킹이 될 수 있도록 협업이 된다면 성장이 가능하겠다. 그러나, 모든 것이 사람이 하는 것이다. 병원 내부의 커뮤니케이션 방식과 존중에 대한 문화를 확립하지 못한다면 효율이 떨어질 수 있다는 것을 명심하면 좋겠다. 달리 말하면 커뮤니케이션의 방식에 따라서 효율이 몇 배는 좋아질 수 있다는 말이다.

한국이 왜 이렇게 빠르게 발전을 하였을까? 국민성이 어떻다느니 교육열이 어떻다느니 하는 말들이 많은데 필자는 한글 때문이라고 생각한다. 한글은 정보의 밀도가 높다. 음절의 구조가 압축적이라서 알파벳이나 한문보다 적은 정보값으로 많은 의미 전달이 가능하다. 글자수가 적어서 타이핑이 필수적인 인터넷 환경에 적합하다. 맥락 의존성이 높아서 주어나 목적어를 생략하고 필수적인 정보만으로 의사소통이 가능하다.

---

3) 작은 규모의 클리닉이라고 할지라도 이런 부분들의 일부라도 시행해서 운영을 하게 되면 발전의 속도가 더 빨라진다.

사람의 인체는 혈액 순환계가 체계적이고 효율적이어야 건강할 수 있듯이 한글은 소통에 있어서 절대적인 우수성을 보이는 것이 한국이 빠르게 발전한 원동력이 되었다고 할 수 있다. 1945년 해방이전에는 한문이나 일본어가 지배계급의 언어였으니 본격적으로 한글이 모든 영역에 사용된 것은 채 100년이 되지 않았다. 앞으로의 발전이 얼마나 가능할지 기대가 되는 부분이다.

조직이라면 서로 간의 의사소통을 어떻게 원활하게 하는지가 제일 중요한 요소이다. 신뢰와 의존성을 가지고 서로에게 정보를 잘 전달하고 그것이 활용될 수 있도록 준비가 되어야 한다. 매출만 높다고 해서 큰 성공을 거둘 수 없다.

우리 조직의 의사소통과 정보 전달 신뢰와 시스템의 건강 정도가 얼마나 되는지에 따라서 국내 최고의 의료 기관으로 성장할 수 있는지 없는지를 판가름할 수 있는 기준이 될 수 있다. 그 많은 의료 기관이 최종적인 고비를 넘지 못하는 이유는 감정 소통의 진화 단계에 도달하지 못했기 때문이다. 이것이 무조건 잘해주라는 말이라고 오해하면 안 된다.

Chapter. 4

1등 병원은
어떻게 마케팅할까?

환자들에게 어떤 병원으로 보일 것인가

 마키아밸리는《군주론》에서 "군주는 도덕적인 것보다 도덕적으로 보이는 것이 더 중요하다"라는 말을 남겼다. 경우에 따라 매우 불경한 말로 들릴 수 있다. 군주가 도덕적일 필요 없다는 의미로 전달될 수 있기 때문이다. 그러나 이는 군주가 아무리 도덕적이라 하더라도 군주와 백성 간의 심리적·물리적 거리 때문에 백성이 제대로 알 수 없다는 뜻이 내포되어 있다. 따라서 도덕적으로 보이는 것도 중요하다. 이 점을 감안하면, 마키아밸리의 말은 민심을 매우 정확히 짚은 것이다.
 조선시대 왕을 예로 들어보자. 현대 사람들은《조선왕조실록》이나《승정원일기》와 같은 것을 열람하여 임금의 정치사에 대해 많은 내용을 알게 되고 한 임금의 성향과 도덕성에 대해서도 짐작할 수가 있다. 그러나 당시의 백성은 구중궁궐에 싸여 있는 임금의 도덕성을 알 길이 없었다. 명분을 세워 반정을 꾀하는 것을 보아도

알 수 있듯이 수많은 반정의 이유들은 모두 불효와 중화에 대한 의리와 그에 대한 배신이었다. 모두 도덕적인 문제였던 것이다.

이것을 현재의 기업이나 병원에 대입해 보면 도덕성을 포함한 신뢰라는 키워드로 함축할 수 있다. 얼마나 실력이 있는가에 대해서는 큰 차이를 느끼기가 어렵다. 모두 자기들이 잘한다고 하기 때문에 "우리가 최고다, 잘한다" 이런 말들은 정보로서의 가치를 상실한 지 오래되었다. 결국 얼마나 신뢰할 만한 병원으로 보일 것인가 하는 것이 핵심이다. 그런데도 의료기관 중에는 광고로 먹고 사는 병원과 진료로 먹고 사는 병원이 있다고 하는 생각하는 경우도 있다.

우리는 많은 병원을 만나기 때문에 대략 병원과 30분 정도 대화를 나누다 보면 그 병원의 컨디션과 함께 실력의 정도를 가늠할 수 있다. 그리고 실력이 있다고 하는 병원들을 보면 묘한 오류에 빠져 있다. 무조건 진료만 잘하면 된다는 생각이다. 마케팅에 매우 치중하는 병원은 거꾸로 마케팅 비용을 뿌리면 환자가 저절로 온다는 착각에 사로잡혀 있다.

마케팅 메시지와 진료의 실력은 묘한 균형의 정점에 자리하고 있다. 진료 능력이 뛰어나지만 마케팅은 하지 않는 병원은 무조건 CRM(Customer Relationship Management)에 의존해야 한다. 마케팅에 더 무게를 두는 병원은 진료비를 낮추어서 낮은 수익을 보기 때문에 구조적 한계에 봉착한다.[1] 양쪽 모두 오류에 빠지는 것이다.

---

1) 이 설명이 시술 단가를 높여야 한다는 말이 아니다. 단가를 높일 때도 낮출 때도 전략이 필요하다. 단가를 낮추게 되면 범위의 경제를 달성할 수 있도록 낮추어야 의미가 있다. 다른 경쟁자가 따라올 수 없을 정도로 낮추어야 전략적 성공이 보장된다. 이때 진료 원가

모든 시장은 경쟁에 의해 결국 품질과 가격이 평준화된다. 아주 핵심적인 진료 능력에서 차이가 난다고 하더라도 결국 환자를 많이 보는 사람은 시간이 흐르면서 경험이 쌓이면 본인의 진료 역량이 강화될 수밖에 없다. 이러한 과정을 간과해서 진료를 잘 본다는 점만 무기로 내세우는 병원들은 결국 '다른 병원에서는 우리처럼 할 수 없다. 다른 병원은 우리 병원처럼 진료를 보지 못하기 때문에 시간이 지나면 점점 자신에게 유리해질 것'이라는 착각에 빠지게 된다. 어디서 나오는 자신감인지는 알 수 없으나, 이는 과신에서 오는 패착이다. 자신만 발전하고 다른 경쟁자들은 발전하지 않는다고 생각하는 것인데, 이런 생각을 가진 사람들은 훗날엔 경쟁자들의 발전을 회한으로 지켜봐야 할 것이다.

아무리 실력이 좋은 병원이라고 하더라도 알리는 작업을 게을리하면 잠재고객층이 사라지기 때문에 매출의 순환 구조가 깨진다. 잠재고객층이 사라지는 과정에 노출이 된 상태로 1~2년 이상만 시간이 흐르면 다시 일어설 기반을 상실하게 되는 경우도 허다하다. 결국 동네병원으로 전락하는 것은 시간 문제다. 그래서 자신이 무엇을 잘하는지 어떤 것에 역량이 있는지를 정확히 정의해서 인터넷에 떠들어대야 한다.

진료를 잘한다는 것을 알리려면 어떻게 해야 할까? 최고, 최초, 완치 등 광고에 사용할 수 없는 단어들을 제외하고 당신은 어떤 단어를 쓰는가? 최근에 나온 실제 광고를 가지고 카피에 대해서 정

를 낮추지 않으면 내가 타격을 입는다. 반대로 단가를 높이는 것도 전략의 하나이다. 특정 환자층을 선별하기 위해서다. 여기서도 전략적 선택이 중요한데, 무조건 높이는 것이 아니라 서비스나 시술의 깊이를 조금이라도 올려서 높여야 한다. 포장도 매우 중요하다.

리해보는 시간을 갖자.

'정확한 진단과 최적의 치료를 약속'이라는 단어가 많은 병원에서 사용된다. 최근에 유명한 척추 병원에서도 홈페이지 메인에 이렇게 쓴 것을 보았다. '정확한 진단과 최적의 치료를 약속'이라는 문장을 보고 어떤 것이 떠오르는가? 신뢰가 확 생기는가? 이것은 그냥 선언일 뿐이다. 이 문장은 이렇게 바꾸어보면 더 신뢰가 갈 수 있다.

"14가지 첨단 장비를 통한 정확한 진단과 10년간 5,000명을 치료한 노하우로 최적의 치료를 약속합니다."

이렇게 바꾸고 나니 좀 더 명확한 문장이 되었다. 무엇이 달라졌는가? 정확한 진단과 최적의 치료라는 것은 단지 선언에 불과하다. 추상적인 단어이기 때문에 증명할 방법이 없다. 14가지 첨단 장비와 10년간 5,000명을 치료한 노하우는 이러한 추상적인 단어를 아주 구체적으로 변증한다. 결국 우리가 해야 하는 것은 어떠한 메시지로 전달할 것인가를 명확하게 정의하는 일이다.

서울 모처에 있는 한의원 광고주 중에서 브랜드 메시지를 '명품 치료'로 변경해 달라 요청하는 분이 있었다. 설득을 해도 듣지 않았는데 이런 경우는 난감하다. 명품이라는 단어의 정의를 어떻게 변증할 것인가? "우리 치료는 명품입니다."라고 말해도 아무도 그 말을 믿지 않는다. 중요한 것은 변증이다. 명품 치료보다는 '15분 더 길어진 강력한 치료 프로그램'이라고 하면 좋겠는데 시간에 대한 부담 때문에 채택이 되지 못했다.

결국 이 문제는 어떻게 차별화를 할 것인가 하는 문제와 직결된다. 광고라는 것은 단지 얼마나 잘 알릴 것인가에 국한되지 않는다. 큰 틀로 보면 경영이라는 단어 속에 포함되는 마케팅이라는 용어는 단어 그대로 '시장ing~'다. 그래서 차별화는 단순하게 광고에 들어가는 메시지의 차원을 넘어서 환자들에게 제공되는 서비스의 질적인 차이를 어떻게 만들어낼 것인가 하는 정의라고 할 수 있다. 14가지 첨단 장비라고 했다면 그 장비들로 검사만 하는 것이 아니라 구체적으로 어떤 장비이고 어떤 진단을 하는지에 대해서 상세하게 설명을 해주어야 한다. 15분 더 길어진 치료라면 시간이 부담되더라도 모든 환자에게 15분 더 치료를 해주어야 한다. 우리는 매출과 편리함을 모두 갖고 싶어 한다. 그러나 그런 방법은 없다. 완벽한 시스템을 개발하기까지는 힘들어도 15분 더 치료를 하고 힘들어도 일일이 환자에게 설명하고 알리는 작업을 해야 한다.

당신의 병원에 이러한 차별화는 어떻게 만들 수 있을까? 우선 환자들이 궁금해하는 것이 무엇인지 정의해야 한다. 병원에 오는 환자들이 주로 겪는 질환에 해당하는 질문 유형을 정리한다. 그러고 나서 경쟁자들은 어떤 서비스를 하고 있는지 체크한다. 그리고 우리 병원이 잘하고 있는 것을 정리해서 그것을 메시지화하면 된다.

세계적인 광고회사의 오너 오길비는 자신의 저서 《오길비 온애드버타이징(Ogilvy 'on Advertising)》에서 어설프게 카피를 만들지 말고 길더라도 정확한 메시지를 전달하라고 역설했다. 때로 오길비는 신문 한 장 전체를 카피로 채우는 경우도 있었다. 일반적으로 헤드라인 안에 들어가는 것이 카피라고 생각하지만 기사 전체의 내용이 카피라는 발상의 전환이 새로운 접근을 만들어낸 것이다. 헤드라인, 부제목 본문 등 이러한 내용들은 서로가 서로를 변증해야 한다. 그리고 직관적인 단어의 선택이 필요하다.

한 가지 더 덧붙이자면 구체적으로 고객들에게 행동을 촉구해야 한다. 한국처럼 동양문화권의 나라들은 권유형의 명령어가 매우 잘 통하는데 이것은 우리가 오랜 세월 동안 권위적인 문화에 익숙해진 결과이다. 광고를 유심히 보면 모든 것이 명령어라는 것을 알 수 있다. 심지어 우리에게 아주 깊숙이 침투해 있지만 인지하지 못하는 "안녕하세요?"라는 인삿말조차 일상의 평안함과 건강함을 권유하는 메시지를 담고 있다.

메시지 전달의 측면에서 "실력 있는 병원이 될 것인가"와 "실력 있는 병원으로 보일 것인가"라는 두 문장은 결국 같은 의미이다. 실력 있는 병원으로 보이기 위해서 탐구해야 하는 것은 'How, What'이 아니라는 것을 명확히 알아야 한다. '어떻게 하면 실력 있는 병원으로 보일 것인가, 무엇이 실력 있는 병원으로 보이게 할 것인가'라는 문장은 제대로 된 시작이 아니다. 가장 중요한 질문은 바로 'Why'다.

"왜 우리는 실력 있는 병원으로 보여야 하는가, 왜 우리는 이 진료 과목으로 대한민국에서 최고의 병원으로 성장해야 하는가?"

'왜?'라는 질문에 모든 답을 하게 되면 '어떻게' 혹은 '무엇을'이라는 단어들은 저절로 자리를 찾게 된다. 다시 한번 묻는다.

"왜 당신의 병원은 실력 있는 병원인가?"

"왜 당신의 병원은 성공해야 하는가?"

"왜 당신은 진료를 하는가?"

당신과 당신 병원의 영혼(Soul)에게 물어보라.

효과 있는 매체와 효과 없는 매체

"지식인 마케팅은 효과가 없는 것 같아요."

우리가 간혹 듣는 말이다. 어떤 특정 매체에 대해서 불만을 이야기하는 사례가 종종 있다. 지식인의 경우는 특히 그런 말을 듣는 경우가 많다. 지식인은 조회수가 높다. 특히 전국을 대상으로 하는 병원들의 지식인 조회수는 매우 높다. 그래서 허수가 있다고 생각을 하거나 우리가 필요없는 광고를 시키는 것은 아닌지 의문을 가지는 경우다.

"지식인은 의사 결정을 유도하는하는 매체라기보다는 브랜드 이름과 의사 이름의 인지(認知) 효과를 기대하는 매체라고 봐야 합니다."

이렇게 설명을 하더라도 계속 문제를 제기하면서 지식인은 제외하자고 하는 경우가 있다. 무려 클릭 수가 한 달에 3,800 클릭이 나오는데도 불구하고 그만두겠다고 하면 우리는 자꾸 말리게 된다.

"이 정도의 클릭 수를 다른 매체로 만들어 내려면 정말 어렵습니다. 만약 키워드 광고로 만들어 내려면 지금 지식인에 투자하는 금액에 5배는 더 들어갈 겁니다."

이렇게 말리다 보면 결국은 우리가 하는 말을 듣게 되는데, 우리는 말을 잘 들어주는 광고사가 아니다 보니 결국은 이탈해서 다른 광고사를 찾아가는 경우가 많다. 우리도 많이 애석하다. 그러나 광고주에게 불리한 일을 그냥 두고 볼 수는 없다.

우리는 매체를 설계할 때 Push와 Pull을 기준으로 사고 한다는 말을 전술하였다. 모든 것은 밀당에 기초하여 판단하는 것이 가장 합당하다고 판단하고 있다. 결국 고객은 자신이 원하는 것을 찾고, 병원은 우리가 이런 시술을 한다고 선전을 하는, 대(大)전제는 변할 수 없다. 그리고 의료법은 유인 행위에 대해서 계속 자유도를 낮추는 방법으로 광고의 힘을 빼려고 한다. 결국 콘텐츠의 차별화를 위해서 계속 작은 틈이라도 찾아서 노력하는 수밖에 없다. 경쟁자들도 모니터링을 하기 때문에 쫓아올 수 있다. 그러나 우리는 또 달아난다. 콘텐츠는 결국 끝이 없는 싸움이다.

그러나 매체의 경우에는 차이가 생긴다. 어떤 매체를 선택하여 광고를 설계할 것인가에 대해서 전략 차이가 상당하게 발생한다. 이유는 겉으로 드러나지 않기 때문이다. 키워드 광고에 1위를 할 것인지, 2위를 할 것인지, 5위 혹은 6위 아니면 10위에 따라서 전략은 모두 달라진다. 앞서 1위와 2위의 단가 차이가 몇 배가 나는 경우가 있으며 그렇다고 하더라도 구매 전환 비율로 따질 때 몇 배가 나는 것은 아니므로 클릭 수를 기준으로 선택하는 것이 좋다는 이야기를 했었다.

　이 부분을 조금 더 세밀하게 따지자면, 1위는 시장을 장악하려는 초기에 하는 전략이다. 2위는 1위와 비슷한 전략을 구사하지만 클릭 대비 효율을 잡으려고 할 때 선택하는 전략이다. 5위와 6위는 적절한 금액으로 아이템을 확대할 때 선택할 수 있는 전략이고 10위는 브랜드가 이미 확고하게 생겼는데, 노출을 통해서 브랜드 인지만 잡으면 될 때 선택하는 전략이다.[1] 물론 이와 다르게 그냥 비용으로 선택하는 경우도 있다. 그러나 비용만으로 선택을 하게 되면 실패할 확률이 높다. 결국 전략 없이 키워드 광고를 하게 되면 비용 낭비가 된다.

　똑같은 키워드 광고라고 하더라도 1~2위는 Push 매체로, 나머지는 Pull 매체로서 역할을 하게 된다. 바이럴의 경우에는 Pull의 성향이 무척 강하다. 그러나, 이것도 상위 노출이냐 아니냐에 따라서 Push의 성격이냐 Pull의 성격이냐가 달라지게 된다. 상위에 노출이 되면 환자에게 직접 접촉하는 매체이고 아니라면 고객이 찾아와야 하는 매체의 속성을 지니게 된다.

　이렇게만 본다면 상위노출 전략이 가장 효과가 좋다고 할 수 있으나 환자의 의사 결정 구조가 그렇게 단순하지 않은 것에 문제가 있다.

　환자들은 관심을 가지게 되는 순간부터 내원을 하기 직전까지 해당 질환과 치료 방법에 대해서 나름의 논리 구조를 갖추게 된다. 그리고 이것이 일반적이지 않은 것은 개인의 선험적 경험과 그로

---

1) 이 모든 전제는 우리 웹 페이지가 경쟁자보다 낫다는 전제가 반드시 필요하다.

부터 구축된 경험적 지식(a posteriori)이 있고, 그것이 자신의 커뮤니티와 합쳐져서 세계관을 구축하게 된다. 어떤 커뮤니티와 합쳐지느냐가 결국 결정권을 갖게 되는 구조이다.

그 체계와 경험적 지식이 사람마다 다르기 때문에 모두를 설득하기 위해서 구조화를 하게 되는데 이것이 결국 일정 수준의 그물망을 만들어 내는 것이다. 결국 우리는 예산 범위 내에서 매체를 선택하고 그물망을 만들 수밖에 없다. 그 매체를 선택하는 기준은 콘텐츠 성격과 클릭수를 고려하여 정하게 된다. 결국 예산을 기준으로 클릭 수와 콘텐츠 성격을 맞추어서 전략을 결정하는 것이 가장 합리적이라고 할 수 있다.

그래서 효과가 있는 매체와 효과가 없는 매체로 나눌 수 없으며, 어떤 역할을 할 것인가에 따라서 달라지는 구조라고 보아야 한다. 키워드 광고가 어떤 광고주에게는 강력한 Push가 되지만 어떤 광고주에게는 인식에 잊혀지지 않을 정도의 역할만 하는 경우도 있다.

서론에 이야기한 광고주는 결국 6개월 만에 돌아왔다. 자신의 마음대로 하였으나 효율이 점점 떨어졌기 때문이다. 이유는 광고대행사가 해당 시장을 정말 모른다는 것이었다. 그래서 자신들이 보기에도 잘못된 선택을 하는 것 때문에 오래 유지할 수 없었다는 것이다.

어떤 광고의 경우라도 시장을 모르고 성공할 수 없다. 우리가 광고 초기에 해당 시장을 이해하기 위해서 부단히 노력하는 것도 시장의 속성이 제품과 경쟁자 및 지역에 따라서 달라지므로 시장 분석과 특성을 모르고 광고를 하는 것은 돈을 낭비하는 일이기 때문이다.

    그리고 매체를 통해 효율을 극대화하는 방법은 병원 내부와 우리 마케팅팀의 협업을 통해서 완성되는 경우가 많다. 우리도 병원에 끊임없이 질문하고 병원도 우리에게 끊임없이 묻고 질문하고 토론하고 수정하는 과정을 거쳐야 매체의 효율이 증대가 된다. 이는 말 그대로 '같은 매체, 다른 효과'인데, 광고주와 우리 팀의 협업 구조가 효과있는 매체로 만드는 방법이다.

2등 병원은 잘 모르는 콘텐츠 설계의 비밀

3

　우리는 홈페이지나 랜딩 페이지 관련 미팅을 할 때 양해를 구하고 녹음을 한다. 이는 잘 기억하기 위해서다. 물론 녹음을 하면서도 적기(transcribe a recording)는 하지만, 대화를 하는 과정이기 때문에 생각을 하는 중간에 들은 내용은 휘발되기 마련이다. 나중에 다시 내용을 들어보는데, 항상 기억이 나지 않는 내용이 나온다. 그만큼 새로운 정보를 받아들이는 과정은 시간이 걸린다. 결국 우리가 학습을 하는 과정이 기획의 과정이라고 할 수도 있다. 새로운 것을 학습할 때 반복을 강조하는 이유가 무엇이겠는가?

　이렇게 녹음을 한 내용을 기획자에게 전달하는데, 이때 기획자는 녹음의 내용을 들으면서 타이핑을 치게 된다. 미팅에는 참석하지 않는 기획자는 녹음 내용을 타이핑함으로써 미팅에 참석했던 사람보다 더 객관적으로 내용을 재구성할 수 있다. 그리고 이렇게 녹음한 내용은 기획 전반에 사용됨과 동시에, 기획자가 환자의 시각으로 병원의 콘텐츠를 바라 볼 수 있는 관점을 가지게 된다. 이것은 홈페이지 설계에 매우 중요하다. 한 발 떨어져서 환자의 관점으로 의료인이 기술한 내용을 풀어서 이해할 수 있도록 하는 것이 골자라고 할 수 있다.

우리는 미팅 때 다양한 질문을 하는데 일부만 소개를 하겠다.

- 당신 병원의 핵심 질환 및 시술은 무엇입니까?
- 홈페이지나 랜딩 페이지를 만드는 목표가 무엇입니까? (단순 목표가 아닌 캠페인 목표)
- 해당 질환이나 시술의 핵심 고객은 누구입니까? (성별, 연령, 직업 등)
- 고객은 언제 이 시술이나 치료를 원하게 됩니까?
- 고객은 어떤 경로로 해당 시술과 질환의 병원을 찾게 됩니까?
- 본 시술이나 치료의 재구매 주기는 어떻게 됩니까?
- 본 시술에 대한 타 경쟁자의 진입 장벽은 무엇입니까?
- 본 시술에 대한 노하우를 증명할 수 있습니까? (책, 의사를 교육하는 의사, 학회 임원, 명확한 전후 사진, 자격 및 증명 등)
- 당신이 생각하는 경쟁자는 누구입니까?(환자들이 바라보는 경쟁자는 우리가 분석을 합니다)
- 해당 시술에 대한 당신 병원만의 강점은 무엇입니까?
- 해당 시술에 대한 당신 병원의 약점은 무엇입니까?
- 해당 시술에서 당신의 병원만이 혹은 가지고 있는 차별화는 무엇입니까?
- 지역의 상권에 대해서 아는 대로 설명해 주십시오. (추가 분석과

함께 이해하는데 도움이 됩니다)

대략 이 정도의 질문을 구성하는데 실제 미팅에서는 즉흥적으로 질문을 삭제하거나 추가를 해서 더 많은 내용을 끌어내기 위해서 노력을 한다. 질문을 하면서 이해가 안되거나 더 깊게 질문을 해야 하는 경우에는 몇 번이고 질문을 바꾸어서 하는 경우도 많다. 시간이 짧을 때는 1~2시간 길 때는 6시간도 걸린 경우가 있다. 한번에 미팅이 끝나기도 하지만 여러 차례 미팅을 하는 경우도 있다. 할 이야기가 많은 의료인을 만나면 재미가 있다. 보통 사람이 만나서 자기 이야기만 하면 재미가 없지만 이럴 때 할 말이 많은 사람은 정말 콘텐츠 설계에 있어서 많은 도움이 된다. 딱딱하게 물어보면 딱딱한 이야기가 돌아오지만 이야기를 하다보면 그 사람의 스토리에 경청을 하게 되고 그 안에서 재미를 찾아야 콘텐츠로 만들 스토리가 찾아진다.

이렇게 녹음한 내용을 몇 번이고 들으면서 이해가 안되는 부분은 메일이나 전화를 통해서 추가 질문을 해서 전체적인 아웃 라인을 잡는데, 이때 '경쟁자 분석 내용'[1]과 합쳐서 보면 어떻게 전략을 구성해야 하는지 뼈대를 완성할 수 있다. 이 과정이 생각보다 길지만, 모두 설명할 수 없으니 중략하고, 기획 단계에서 중요한 포인

---

1) 이때 경쟁자 분석이라고 하는 것은 1) 광고적 측면으로서 경쟁자의 마케팅 활동 전반 2) 그것을 콘텐츠로 표현하는 과정과 결과를 통합하여 보는 것이다. 경쟁자의 마케팅 활동까지 고려된 사이트 분석이 나와야만 제대로 된 경쟁 평가가 완성된다. 사이트만 보고 판단해서는 보이지 않는 정보가 많다.

트 몇 가지를 설명하겠다.

- 차별화된 콘텐츠가 있는가
- 참신한 인상을 제공하는가
- 콘텐츠가 환자의 입장에서 쉽게 설명되어 있는가
- 치료 원리나 방법이 세밀하게 잘 표현되어 있는가
- 원장의 프로필과 배경 등이 전문성을 갖추고 있는가, 아니라면 스토리가 있는가
- 치료 정보나 후기 등이 서로 연계되어 있거나 더 찾아볼 정도의 콘텐츠 연계 요소를 갖추고 있어서 사이트에 더 머무르기 좋은가
- 전문적인 인상을 주면서도 친절하거나 다정한 느낌을 받고 있는가
- 병원 내부 인력들의 활동을 담은 영역이 존재하는가
- 병원 내부의 사진이나 시설을 잘 파악할 수 있도록 제공되고 있는가
- 오시는 길은 충분히 잘 이해가 되는가
- 주차방법이 잘 이해가 되는가
- 메인 영역의 메시지는 분명한 메시지를 제공하는가
- 메인 영역의 메시지에 중복은 없는가

이 부분은 우리가 경쟁자의 홈페이지를 분석할 때도 판단하는 근거가 된다. 그리고 우리의 홈페이지를 만들 때도 지표로서 활용을 한다. 하나만 좀 자세히 설명을 하자면, 메인 영역의 메시지 관련이다. 메인 영역은 글로벌 메뉴 아래 위치하는 영역이다. 대부분 롤링이 되는 경우가 많다. 그런데, 중복이 되는 경우가 생각보

다 많다. 아니면 잘 만들어 놓고 팝업으로 덮어서 메인이 안보이는 경우도 생각보다 많다. 그렇게 되면 작은 광고판 때문에 메인 광고가 보이지 않게 되는 상황과 비슷하다. 이게 이해가 안된다면 아마도 메인 광고를 만들 때 특별한 전략 없이 만들었을 가능성도 있다. 어떤 경우는 너무 딱딱하고 건조한 메시지가 많다.

'단독 6층을 사용하는 ○○ 지역 최대 규모의 ○○의원입니다.'

건물 단독 사용, 이 메시지는 분명 규모를 말하는 것인데 일면 맞게 보이지만 감성적이지 않다.

'우리 병원의 6층(600평)의 공간은 오직 고객의 ○○를 위해서 운영되고 있습니다.'

같은 메시지이지만, 다른 느낌이 난다.

그리고 설계되는 콘텐츠는 오래 머물 수 있는 콘텐츠의 연계성이 있어야 한다. 다른 것을 찾아보기 쉽게 만들거나 서로 연결이 되어 있어서 계속 이동을 하면서 콘텐츠를 볼 수 있도록 서로 연결이 되도록 설계를 해야 사이트에 머무르는 시간이 길어진다. 결국 모든 의사 결정은 session time으로 귀결이 된다. 콘텐츠는 연결이 되도록 설계를 하되, 새로운 페이지가 되면 분위기를 환기시켜서 지루하다는 인상을 주지 않고 다른 내용도 살펴보고 싶게 설계하는 것이 핵심이다.

그리고 마지막으로 한가지 중요한 변화에 대해서 말하고 싶다. 코비드19 이후에는 무엇보다 디자인이 중요해졌다.

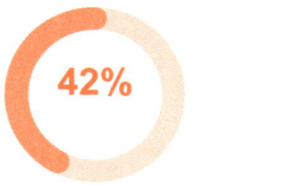 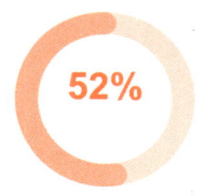

왼쪽 : 오로지 디자인 만으로 웹사이트를 평가하는 소비자 비율
오른쪽: 디자인 때문에 웹사이트를 다시 찾지 않는 소비자 비율
출처 : KISSmetrics

물론, 디자인은 코비드19 이전의 시대에도 중요한 요소였다. 코비드19 이후의 시대가 디자인이 더욱 중요해진 이유는 콘텐츠 소비 방식의 변화에 있다. 지금은 정말로 남녀노소 할 것 없이 영상에 지배된 삶을 살고 있다. 그래서 텍스트를 읽는 비중이 예전보다 줄었고 정보를 습득하는 방식도 변화가 있었다. 그래서 코비드19 이전에 비해서 콘텐츠의 길이가 길어질 경우, 오히려 session time이 줄어드는 경향이 있다. 물론 모든 페이지가 그런 것은 아니다.

페이지를 어떤 메시지로 설계하느냐, 어떤 함의를 가지고 직관적으로 전달하느냐에 따라서 다르겠지만, 디자인의 역할이 더 중요해졌다는 의미로 받아들이기를 바란다. 그리고 여기서 디자인이라는 것은 예쁘다 아니다가 아니고 소셜 디자인(Social Design) 또는 디자인 사고(Design Thinking)의 관점이다. 환자 삶의 질 향상 및 환자의 이슈 해결을 목표로 하고, 아름다움 이상의 의미, 메시지, 감정을 중시하는 사고이다. 병원에서 환자의 경험을 향상시키기 위한 서비스적 디자인이라는 관점으로 사이트를 제작하는 과정에 적극 참여할수록 초진 설득의 가능성이 올라간다.

반드시 환자의 상담을 끌어내는 방법

"배너 광고는 효과가 없는 것 같아요. 그래서 우리는 배너광고 안 합니다."

노출형 배너 광고의 경우 1구좌의 하루 노출량이 약 150만 회이며, 하루 클릭 수는 400~1,500회 정도 된다. 노출 수와 클릭 수로만 본다면 다른 광고에 비해 비용 대비 노출이 많은 것은 확실하다. 그러나 배너 광고가 효과가 없기 때문에 하지 않겠다고 말하는 병원이 더러 있다. 이는 Push 마케팅에 해당하는 모든 광고는 콘텐츠가 제대로 준비되어 있지 않으면 효과가 떨어진다는 사실을 모르기 때문이다. [1]

---

1) 콘텐츠가 잘 갖추어져 있어도 Push 광고가 모두 효과적인 것은 아니다. 지역의 작은 병원의 경우, 전국을 대상으로 하지 않는다면 효과가 뚜렷하지 않을 수 있다. 그리고 전국을 대상으로 한다고 하더라도 세부 시장의 경우에도 효과가 떨어진다. 반드시 자신의 지역과 환자층을 분석하여 전략을 적용할 필요가 있다. 물론 지금은 지역 Push 광고가 있다. 그러나 이러한 경우에는 매체를 신중히 선택해야 하며, 예산이 부족하면 효과가 떨어

Push 마케팅에 해당하는 것은 배너, 키워드마케팅(상위), 오프라인 광고 등이다. 키워드 광고는 경쟁의 가속화로 인해서 효율을 잡는 것이 점점 어려워지고 있다. 10년 전만 해도 키워드마케팅 비용이 많이 들지 않았다.[2] 그러나 경매와 비슷한 방식의 키워드 배팅은 지속적으로 비용이 높아진다. 무형의 공간에 더 상위에 노출될 수 있도록 돈을 배팅하고 있다. 병원의 숫자가 계속 늘어나고 있는 현 상황에서 키워드마케팅의 효율이 떨어지는 것은 당연한 일이다.

2000년 IT박람회에서 모든 부스가 다양한 디자인으로 꾸며 광고하는 것과 달리, 아무런 디자인도 하지 않고 부스 벽에 도메인명만 적어놓은 채 웹사이트 주소를 팔던 회사가 있었다. 이 회사는 좋은 도메인명을 선점해서 판매하는 회사였는데 회사 이름이 '봉이 김선달'이었다. 어쩌면 키워드마케팅 역시 '봉이 김선달의 후예들'이라 할 만하다. 무형의 상품은 시간 가치를 측정하기가 쉽지 않다.

Push 마케팅의 효용 가치는 차별화에 있다. 대부분의 병원이 오프라인 광고를 하지 않던 시기에는 버스 광고와 지하철 광고의 효율이 좋았다. 다른 경쟁자가 광고를 하지 않으니 광고를 하는 것 자체가 차별화가 될 수 있었다. 그러나 모든 경쟁자들이 광고를 하고 있는 현실에서는, 광고를 하느냐 마느냐보다 콘텐츠가 얼마나 차별화되느냐가 훨씬 중요하다.

아마 '민주야 좋아해?'라는 버스 광고를 기억할 것이다. 사람의

진다.
2) 기준 시점을 언제로 잡더라도, 키워드 광고는 10년 전이라면 비용 효율이 높았다

눈길을 잡아서 흥미를 유발한 대표적인 광고였다. 이 광고는 넷플릭스의 드라마 광고였다. 이처럼 고객이 흥미를 느낄 수 있는 콘텐츠로 광고를 해야 한다.

만약 당신이 어떤 제품을 구매하려고 한다면 어떻게 할까? 이 책을 읽고 있다면 아마 의료인이기 때문에 값싼 제품을 선호하지 않을 가능성이 높다. 해당 제품군에서 제일 좋은 제품을 선호할 수도 있다. 왜 그럴까? 제품을 구매하는 데 시간을 많이 쓸 수 없으므로, '비싼 것이 가장 좋은 것'이라는 공식을 쇼핑에 그대로 적용했기 때문이다.

그러나 개인 소득 수준이 일정 이상 높지 않은 소비자는 '좋으면서 값싼 제품'이라는, 서로 모순된 기준으로 구매를 결정한다. 이런 소비 행위를 소비자 연구원 등에서는 '역설적 소비(Paradoxical Consumption)'라는 이름으로 부르고 있다. 여기에 그럴듯하게 이름 붙여진 단어들이 가치, 가성비, 현명한, 합리적이라는 단어들이다. 그러나 조금만 들여다보면 사실 합리적 소비라는 말은 단지 그럴싸한 표현에 불과하다. 좋으면서도 싼 제품이라는 명제는 성립될 수 없다. 좋은 것은 비싸고 싼 것은 질이 떨어지는 것이 당연하다.[3] 시장 경제의 논리에 의해서 성립된, 가치 조절의 결정적인 역할을 하는 가격이라는 것이 정해진 이후부터 바뀌지 않은 원칙이

---

3) 일본의 시나가와 안과의원이나 캐나다의 쇼율다이스 탈장수술 병원은 지속적인 연구를 통해 원가를 절감하고, 시장 가격을 파괴하는 수술 비용으로 시장을 확장하고 있다. 2025년 3월 현재, 시나가와는 일본 라식 시장의 60%를 점유하고 있으며, 쇼율다이스는 매년 약 7,000건의 수술을 집도하며 단일 병원 기준으로 세계 최대 규모의 케이스 수를 기록하고 있다. 이는 품질이 우수하면서도 가격이 낮은 사례이다. 가격 전략을 통해 시장 범위를 확장하고 규모의 경제를 달성한 사례다.

다. 그러나 소비자의 비상식적인 판단 기준에 현재 마케팅의 해법이 담겨 있고, 모순적인 판단 기준 덕분에 마케팅에 성공하는 병원들이 늘어나고 있다.

콘텐츠라는 것은 글을 적어놓은 집합이 아니다. 여기서 말하는 콘텐츠는 설득의 체계와 구조를 의미한다. 이렇게 물어보자.

"당신의 병원은 왜 치료를 잘합니까?"

"당신의 병원이 비싼 이유는 무엇인가요?"

"당신의 병원이 해당 시술에 있어 최고라는 것을 어떻게 표현할 수 있습니까?"

이와 같은 질문에 대답할 수 있고 그 대답이 논리 구조에 맞아 환자들을 잘 설득할 수 있는 체계를 가지고 있어야 콘텐츠를 갖추었다고 할 수 있다.

랜딩 페이지와 홈페이지가 각각 달라야 하는 이유가 무엇일까? 랜딩 페이지는 단지 하나의 시술을 한 페이지로 만들어놓은 것일까? 그냥 홈페이지의 각 질환과 관련된 콘텐츠를 잘 만들어놓고 그것을 사용하면 안 될까? 이런 의문에 정답은 무엇일까?

콘텐츠를 설계하기 위해서는 정보 수집 단계를 철저하게 거쳐야 한다. 콘텐츠 정보를 수집할 때는 병원의 스토리, 환자들이 관심 있게 보는 질환이나 시술에 대한 정보, 경쟁자의 홈페이지 및 랜딩 페이지의 콘텐츠를 모두 검토해야 한다. 특히 병원의 스토리는 너무 전문적인 것만 추구해서 환자들이 못 알아보게 하고 있지는 않는지를 잘 점검해야 한다. 대부분의 병원들은 자신들이 너무 전문가인 나머지 환자들이 어떤 시각으로 병원의 콘텐츠를 보고 있는지 제대로 검토하지 않는다.

이렇게 수집된 정보들을 다 늘어놓고 세 가지의 원칙으로 콘텐츠를 정리한다.

① 전문가의 시각 20%, 초등학생도 알아볼 수 있게 쉬운 단어로 표현하는 부분 80%
② 경쟁자의 콘텐츠보다 디자인, 메시지, 가독성, 콘텐츠의 연계성이 우수해야 한다.
③ 대부분의 내용이 서로 모순되지 않으며, 킬러 콘텐츠와 자연스럽게 연결될 수 있도록 구성한다.

연결과 연계라는 것이 중요한데, 모든 것이 서로 연결이 되도록 해야 한다. 연결과 연계라는 것을 필두로 조금 설명하자면, 대부분의 사람들은 키워드의 구조로 사고를 하기 때문에 모든 메뉴와 이름들은 서로 매칭이 되어야 한다. 여기서는 A로 저기서는 A-1로 표현해서는 안된다. 한번 명칭을 정하면 고정적이어야 하는데 그렇지가 않다. 다시 잘 살펴보면 용어가 혼재되는 경우가 많다. 마케팅을 하겠다고 미사여구들을 만들어서 직관적이지 않은 단어를 쓰는 경우도 많다. 모든 것은 검색 키워드를 중심에 두고 사고를 해야 한다. 그러한 직관적인 단어를 사용해서 쓰는 것이 환자에게 혼선을 주지 않는다.

디자인의 경우도 마찬가지이다. 모든 사람은 준거 기준을 가지고 있다. 사이트는 네이버나 구글[4], 영상은 유튜브, 플랫폼은 PC

---

4) 홈페이지의 준거 기준은 검색엔진이거나 다른 병원의 사이즈 UI를 기준으로 봐야 한다. 다른 병원의 사이트 역시 결국 검색엔진을 기준으로 한다. 그 이유는 검색엔진이 가장

에서 모바일로. 그 준거들의 UI(User Interface)5)와 우리 사이트를 보자. 사이트 내에서 손이 움직일 때 직관적으로 구조를 이해하기 쉬운지 살펴보면 된다. 그런데 간혹 차별화를 이유로 메뉴 위치를 기존의 사이트와 다르게 배치하는 경우가 있다. 대부분이 가로메뉴인데 세로로 되어 있는 사이트가 있다. 이러면 이탈율이 증가한다. 어리석은 일이다. 이것이 바로 연결과 연계의 실패이다.

환자의 상담 요청을 이끌어 내기 쉬운 구조는 무엇일까? 바로 이런 연결과 연계에 성공한 콘텐츠를 만들고 그것은 Push에 붙이는 것이다. 그러나 만약 요청을 많이 이끌어 내지 못하고 있다면 어떤 부분에서 연결과 연계가 어설프게 되어 있는지 확인해야 한다.

클릭을 하고 들어온 환자가 있다고 가정하자. 그 사람은 단지 1클릭 혹은 1노출 등이 아니다. 결국 해당 병원에 관심이 있어서 들어온 환자이다. 이 사람이 어떻게 해야 정보를 남기고 상담을 요청하게 할 것인가?

이제부터 해야 할 일은 질문이다.

1) 내원한 환자 중 친밀도가 높은 환자들에게 관심을 끄는 콘텐츠와 그렇지 않은 콘텐츠에 대해 질문한다.
2) 정기적으로 일반인(우리 병원의 환자가 아닌 사람)을 대상으로 우리 사이트에서 개선할 부분을 조사한다. 6)

많이 접하는 사이트이기 때문이다.
5) 앱의 버튼 모양, 색상 구성, 아이콘, 화면 배치, 스크롤 방식, 입력창 디자인 등
6) 다만, 이러한 부분은 하나의 의견이 나왔다고 해서 즉각적으로 수정하지 않는다. 반드

우리는 홈페이지를 완성한 이후에도 계속 수정한다. 결국 해답은 디테일에 있다.

시 그 의견이 타당한지 검증하는 과정을 거쳐야 한다.

키워드
Push와 Pull의 믹스 전략

　동화 속 세상을 현실로 구현한 곳으로 유명한 플로리다 올랜도의 월트 디즈니 월드는 약 101㎢ (25,000 에이커)의 광대한 부지에 4개의 테마파크와 2개의 워터파크를 갖춘 세계 최대의 리조트 단지다. '어떤 마법 같은 디테일들이 이토록 환상적인 경험을 만들어낼까?' 하는 생각에 방문한 적이 있다. 당시에 컨퍼런스 참석차 올랜도에 갔다가 궁금해서 방문하려고 했던 것인데 인기 어트랙션은 FastPass+ 예약 없이는 이용이 어렵고, 특정 캐릭터와의 만남은 줄을 서도 몇 시간을 기다려야 한다는 사실에 놀랐다. 그럼에도 연간 4,800만 명[1]의 방문객들이 높은 입장료를 지불하고 방문하는 이유를 직접 경험하게 되었다.

---

1) 코비드19 이전에는 5,800만명으로 회복세에 있음.

월트 디즈니 월드는 테마파크 중에서도 가장 상위로 평가받는 엔터테인먼트 단지다. 유니버설 오브 어드벤처나 식스 플래그스도 한 수 접고 가는 리조트라고 할 수 있다. 처음에는 이해가 되지 않았으나, 자료를 찾아보니 충분히 그럴 만하다는 생각이 들었다. 가장 주목할 점은 눈에 보이지 않는 곳에서의 디테일에 대한 집착이다. 예를 들어, 매직 킹덤 지하에는 '유틸리도어(Utilidors)'라는 터널 시스템이 있어 직원들이 테마를 해치지 않고 파크 내 이동이 가능하다. 또한 파크 전체에는 3,000개 이상의 '히든 미키'가 설치되어 있어 방문객들에게 색다른 재미를 제공한다. 이런 작은 디테일들이 모여 방문객들이 전 세계에서 찾아오고, 높은 입장료에도 불구하고 다시 방문하게 만드는 이유가 되었다. "경험은 가격이 아닌 기억에 의해 평가된다"는 말이 있듯이, 월트 디즈니 월드는 그 규모 이외에도 방문객 경험을 디자인하는 디테일이 결국 브랜드 가치가 되는 것이니까.

한 명의 캐스트 멤버(직원)가 탄생하는 과정도 철저하다. 올랜도에 있는 대규모 캐스팅 센터에서는 연간 수만 명의 직원을 선발하며, 모든 직원은 '디즈니 트래디션(Disney Traditions)' 교육을 필수적으로 이수해야 한다. 이들은 '디즈니 룩(Disney Look)'이라 불리는 외모 지침을 준수해야 하며, 방문객을 '게스트', 직원을 '캐스트 멤버', 제복을 '코스튬'이라 부르는 등 특정 용어 사용이 의무화되어 있다. 캐릭터 배우들은 절대 캐릭터 설정에서 벗어나지 않도록 교육받으며, 같은 캐릭터가 동시에 두 장소에 있을 수 없다는 원칙을 철저히 지킨다. 이러한 세심한 직원 교육과 관리가 디즈니 월드만의 일관된 마법 같은 경험을 만들어 내는 핵심 요소다.

신은 디테일에 있다

디즈니 이매지니어링 부서의 작업 원칙에 대한 책을 본 적이 있다. 월트 디즈니는 "디즈니월드는 항상 건설 중일 것이다. 완성될 일은 없을 것이다"라는 비전을 남겼다. 어떤 일을 할 때 100%를 해내는 것은 정말 어렵다. 그런데 월트는 이에 그치지 않고 "사람들이 무엇을 좋아하는지도 중요하지만, 그들이 무엇을 싫어하는지 아는 것도 똑같이 중요하다"고 강조했다. 이건 정말 탁월한 관점이다.[2] '이 정도면 충분하다' 혹은 '여기까지가 최선이다' 같은 수준이 아니라, 더 완벽한 경험을 만들기 위해 이미 끝난 것처럼 보이는 작업에서도 더 개선할 것이 없는지를 고민하고 시도해야만 나올 수 있는 결과다. 독일의 유명한 건축 디자이너 미스 반 데어 로에(Mies van der Rohe, 1886-1969)는 "신은 디테일에 있다(God is in Details)"라는 명언을 남겼다. 세상 모든 것의 결과는 디테일에 따라 차이가 생긴다.

우리에게 문의가 오면 해당 광고주의 시장 분석에 걸리는 시간이 최소 2~3주다. 광고는 공산품이 아니기 때문에 서울에서 성공한 방법이 수원에서는 통하지 않을 수 있다. 서울과 수원 정도의 수준이 아니라 지역 상권에 따라서 모두 달라진다. 우리가 광고를 하고 노력하는 동안 경쟁자도 놀지 않는다. 경쟁자도 생사가 걸린 문제이기 때문에 어떤 활동이든지 하게 된다. 그런데 대부분은 경쟁자를 고려하지 않는다. 비교를 해야 할 상대가 아닌 경우가 주로

---

[2] 우리는 이러한 관점을 상담사 교육 시스템에 적극적으로 접목하고 있다. 디즈니의 서비스 철학은 세계적인 고객 응대 기술로서 다양한 사례를 제공하며, 고객을 응대해야 하는 B2C 모든 사업장이 참고해야 한다.

비교 대상이 되는 경우가 많다.

우리는 2~3주의 시간 동안 온라인에 올라온 해당 광고주의 시장을 면밀히 들여다 본다.

1) 이 시장의 주요 키워드는 무엇이며, 해당 키워드에 어떤 경쟁자들이 포진해 있는지
2) 이 시장의 주요 키워드의 구분은 키워드 광고와 바이럴로 구분하여 분석한다.
3) 바이럴의 경우 검색엔진 영역과 인터넷에 노출될 수 있는 모든 영역을 참고한다.
4) 키워드 광고의 경우 효율의 정도를 판단한다. (비용 대비 효율)
5) 바이럴 콘텐츠의 경쟁 정도를 평가한다.
6) 홈페이지나 랜딩페이지의 경쟁 정도를 평가한다. (콘텐츠의 수치 지표 평가)
7) 이 모든 상황을 기존 예산과 비교하여 평가한다.
8) 해당 지역 시장 상권을 인구통계, 건강수요, 경쟁병원 오프라인 현황, 환자 접근성, 상권 유형, 환자 유입 경로, 지역 성장성 및 개발 계획을 기준으로 분석한다.

이렇게 평가된 내용을 가지고 전략을 수립하게 된다. 그 중에서 키워드와 배너 광고에 대한 부분들이 제일 중요하다. 실제 수치로 계산하여 평가할 수 있다. 숫자는 거짓말을 하지 않는다.

어느 정도의 차이가 날까?

네이버 키워드 광고							
	6월	7월	8월	9월	10월	11월	12월
파워링크 유입수	169	218	383	373	669	679	801
파워 콘텐츠 유입수	849	885	1,043	794	1,219	2,196	2,747
유입수 합계	1,018	1,103	1,426	1,167	1,888	2,875	3,548
파워링크 &파워 콘텐츠 비용	8,117,729	9,958,028	10,087,895	10,480,268	10,500,000	9,500,000	8,841,387

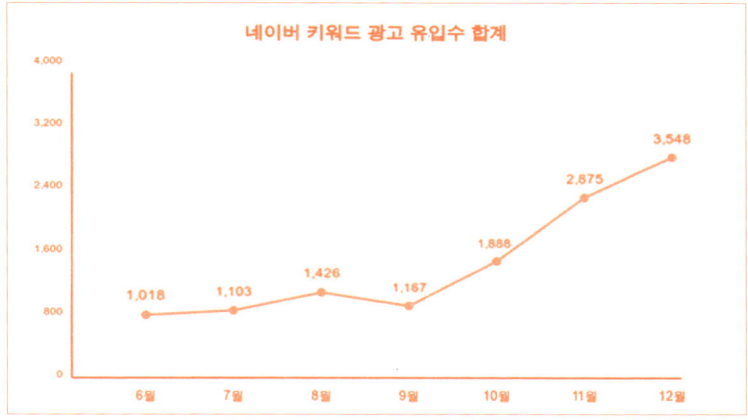

《그림1. 호원앤컴퍼니 고객 효율 지표 – 실제사례》

그림1은 2024년도의 사례이다. 6월에 광고를 시작하고 대략 6개월 동안의 변화를 나타낸다. 키워드 광고의 최적화를 만들어 내는 데 걸리는 시간은 대략 6개월이 소요가 된다. 빠르게 최적화를 하기는 불가능하다. 모든 반응을 보면서 조절을 해야 하기 때문이다. 처음 세팅을 할 때 한 번 세팅을 하고 나서 전혀 손을 대지 않는 경우가 많은데 우리는 아주 세밀하게 조절을 하기 때문에 시간

이 아주 오래 걸린다.

그림1을 기준으로 예산은 8.9%가 증가하였으나 효율은 320%가 개선되었다. 클릭단가의 경우 평균 단가 기준으로 7,974원이던 것이 2,492원으로 대폭 개선되었다. 유입수 합계가 1,018클릭에서 3,548로 무려 2,500클릭 이상 늘어났다. 예산이 클수록 효율 차이는 더욱 극명하게 나타난다. 그런데 이는 조금만 더 들여다보면 결코 쉬운 일이 아니다. 1위에 노출된 키워드와 10위에 노출된 키워드의 가격 차이는 결국 클릭을 얼마나 많이 받을 수 있느냐에 있다. 10위에 노출되면 단가는 저렴하지만 클릭률이 떨어진다. 1위에 노출이 되면 클릭율은 높아지지만 단가가 너무 높다. 물론 이 사례는 매우 특별하게 성과가 높았던 경우다. 이는 단가 관리가 제대로 이루어지지 않았던 경우에 해당한다. 그러나 키워드 관리를 새로 받아서 시작하게 되면 320% 까지는 아니라도 120~130% 효율은 언제나 개선이 된다.

어떻게 클릭의 효율을 높이는가? 이런 압도적인 차이는 왜 만들어 지는 것일까? 그것은 3가지 때문에 벌어지는 것이다.

1) 자존심의 경쟁이나 비효율을 배제한다.
2) 효율의 극대화를 꾀할 수 있는 체계를 갖추었다.
3) 아주 작은 요소까지 집착한다.

자존심의 경쟁이라는 것은 경쟁 병원보다 더 높은 순위같은 집착을 포기한다는 것이다. 꼭 1위를 해야 하는 병원을 우선 포기 시킨다. 심한 경우, 키워드 단가 차이가 10배까지 벌어지는 경우도 있다. 1위와 2위 사이의 가격 차이가 이렇게 많이 나는 경우도 있다. 그러나 1위를 클릭하는 사람과 2위를 클릭하는 사람 사이에 고객 전환 가능성이 10배나 차이 날까? 1위를 클릭하는 사람과 10위를 클릭하는 사람은 차이가 많이 날지 모르지만 1위와 2위 사이의 차이는 이렇게 심하지는 않다. 결국 이 차이를 정량화로 정확하게 측정할 수 있는 방법이 없는데도 불구하고 쓸데없는 자존심이나 담당자의 편의성에 의해서 무시되는 경향이 많다.

둘째, 우리는 효율의 극대화를 위해서 네이버에서 제공하는 수수료를 제외하고 별도의 전략비용을 고객에게 따로 받는다. 키워드 대행사들은 고객이 많이 지출해야 돈을 버는 구조이다. 우리는 이런 구조를 타파하기 위해서 효율을 극대화하는 대신에 별도의 전략 비용을 받는다. 이런 구조적인 현실을 고객에게 설명하고 돈을 따로 받는 것이 가장 현명한 방법이라고 생각했다. 그리고 어떠한 것이 고객에게 가장 유리한 선택 인지를 고민하고 실행한다. 우리가 광고를 받아서 이전 광고사의 광고 운영을 보았을 때, 효율보다 광고 관리의 편의성을 위주로 설계되었거나, 비용을 많이 사용하게 만드는 등의 구조로 진행되는 경우가 많았다.

셋째, 우리는 디테일에 집착한다. 우리와 일을 같이 해본 고객은 모두 인정하는 부분이다. 그래서 우리의 광고대행료는 조금 더 비싸다. 키워드 하나 하나 디테일하게 비용 구조를 설계하지 않으면 효율은 좋아지지 않는다. 이런 집착을 포기하지 않는 우리 광고파트는 그래서 늘 고생한다.

1위를 하려고 하는 이유는 자존심이나 광고 관리의 효율성에 대한 것도 있지만 실제로 클릭 수를 더 많이 받으려고 하기 때문이다. 그러나 총예산 대비 클릭 수로 효율을 계산한다면, 반드시 1위에 올라야 클릭 수가 높다고 단정할 수는 없다. 모든 것은 결국 디테일에서 차이가 난다. 누가 더 디테일하게 구조를 만들어 가느냐에 따라서 더 많은 효율을 만들어 낼 수 있다. 결국 디테일이 믹스 전략의 핵심 요소라고 할 수 있다.

시너지 협업의 진정한 의미

A 사례

"시니어님~, 원장님께서 확인을 못하시고 퇴근하셨네요.
금요일날 한번 더 말씀드리고 컨펌하겠습니다."

"안녕하세요. ED님!!
○원장님 아직 입금 처리 안 되셨죠?"

"디렉터님. 시니어님~
자동완성어는 언제 노출이 되는 건가요?"

B 사례

> "안녕하세요 디렉터님, 이번주에 유독 홈페이지 빠른상담에 "○○○○ 문의"가 많았습니다. 이번주 키워드광고 ○○그룹은 광고노출시간이 얼마나 되었는지, 클릭이 많이 이루어져서 일예산이 빠르게 소진되었는지 점검 요청드립니다. 이유가 어떻게 되는지 의견 주시고요~."
>
> "안녕하세요 시니어님, 저희가 유튜브 자동완성어로 '○○○○ ○○' 키워드를 작업중입니다. 구글 광고와 노출되는 영역이 다르기 때문에 굳이 입찰가 하향조정할 필요는 없을까요?"
>
> "안녕하세요 디렉터님, 수정 고민중인 페이지는 다음과 같습니다. 기존 페이지는 21년도 글이라 너무 오래 지난 것 같아서요. 디렉터님이 보시기엔 어떤 페이지가 더 효율이 좋아보이시나요?

A와 B사례는 우리 고객층을 구분하는 하나의 구분선 쯤이라고 볼 수 있다. C의 경우도 있는데 돈만 내고 초진 수만 보는 고객이다. 그래도 A의 사례는 우리 작업이 원활하게 돌아갈 수 있도록 지원을 해주는 담당자가 내부에 있는 것이기 때문에 우리도 수월하다. B의 사례를 보면 내용이 좀 더 구체적인 것을 알 수 있다. A 담당자와 B 담당자의 직무는 동일하다. 그러나 두 담당자의 차이는 역할이 아니라 내용에 있다. 그리고 권한에 있다. 의사 결정을 누

가 하느냐 얼마나 병원의 권한이 임파워먼트 되어있는가에 대한 이슈라고 볼 수 있다. 그리고 또 하나 이야기하자면 담당자의 역량 차이도 있다.

스타벅스와 스포티파이는 2015년 전략적 파트너십을 체결하였다. 스포티파이는 스타벅스의 플레이리스트를 공개했으며, 이 협업을 통해 양사는 서로 원하는 바를 얻었다. 스타벅스는 매장 내 분위기 조성과 고객 경험 향상이라는 가치를 얻었다. 스포티파이는 더 많은 사용자 확보와 프리미엄 구독자 증가가 이루어졌다. 스타벅스는 매장 바리스타들이 직접 음악 플레이리스트를 제작해 서로 공유하는 문화를 조성함으로써, 매장 분위기의 변화를 독려하고 이를 하나의 놀이 문화이자 경험 공유로 만들어 내는 성과를 거두었다. 이것은 단순한 마케팅 파트너십을 넘어서 서로의 핵심 비즈니스 영역을 강화하는 시너지를 창출했다. 혁신은 내부에서만 일어나지 않고 외부와의 협업을 통해서도 달성될 수 있다는 교훈을 주고 있다.

우리의 고객 평균 계약 년수는 7년이다. 평균이기 때문에 7년 이상을 가는 고객들의 특징은 협업 구조가 잘 형성되어 있다. 여기서 중요한 것은 참여의 정도라고 하겠다. 처음에는 참여 정도가 작다고 하더라도, 우리는 지속적으로 고민하고 생각하게 만드는 것을 중요하게 여긴다.

A사례 담당자의 경우 원장의 성향에 따라서 태도가 완전히 달라진다. 신경질적이고 항상 타인에게 속고 산다고 생각하는 원장들은 항상 공격적인데, 그러면 담당자도 공격적이다. 그러면 조력자가 아니라 감시자의 역할로 전환된다. 결국 협업이라는 것은 서

로에 대한 태도라고 생각한다. 감시하고 공격하는 상대와 오래 함께 일하기는 어렵다.

우리 광고주 중에서는 광고 성과가 뛰어난 상위 그룹들이 인하우스를 운영하는 경우가 많다. 그런데, 이들의 공통점은 우리와 업무가 겹치는 인원이 없다는 점이다. 서로 다른 역할을 수행할 수 있도록 구조적인 협업의 체계를 갖추는 것이 매우 중요하다. 서로에게 얼마나 의존하는가는 책임감을 나누게 된다. 우리는 관리자를 양성할때 '그 사람의 말을 얼마나 믿고 의지할 수 있느냐'를 선발 기준으로 평가한다. 이것이 가능하려면 3가지가 가능해야 한다.

마케팅 성과는 조직 내부의 혁신, 특히 외부 파트너와의 협업에서 시작된다. 이 혁신이라는 것은 내부에서만 완성되는 것이 아니다. **협업의 구조**를 얼마나 잘 만드느냐 하는 것이 중요하다. 이것은 단순하게 잘하자 정도가 아니라, 서로에 대한 **신뢰 구축**을 통해 성장할 수 있다. 신뢰 구축이라는 것은 노력을 통해서 얻어질 수 있다.

이런 협업을 통해서 고객병원은 혁신과 수익 증대를 얻고 우리도 매출과 경험 그리고 시장에서 우리를 옹호하고 지원해주는 '팬슈머(Fansumer)'를 얻을 수 있다.

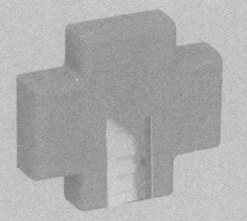

Chapter. 5

초진을 어떻게
재진으로
만들 것인가

재진환자 2배 늘리기

대부분의 병원은 초진환자에는 관심이 많지만 재진환자에게는 관심이 적다. 그래서 재진으로 이어지는 과정에서 상당수의 환자가 이탈한다. 그럼에도 불구하고 마케팅 효율을 측정하면서 초진환자의 유입 경로 분석에만 열을 올려서 재진환자를 유지하는 비율이 얼마나 되는지 모르는 병원이 허다하다. 평가지표도 매우 단순하다. 초진 유입 수와 매출 지표 두 가지만 가지고 분석을 하는데 이는 정말 단순하다 못해 구멍가게 수준의 평가 항목이다. 물론 그럴 수밖에 없다. 대부분의 병원들(소비자들은 혼용되지만 여기서는 법인 병원이 아닌 로컬 의원을 포함하며 범주는 대형 로컬이든 소형 로컬이든 동일한 범주로 본다)은 개인 사업자이며 복식부기를 적용하지 않는다. 하루 벌어 하루 먹고 사는 사람들과 비슷한 방식의 재무 구조 지표를 가지고 분석하기 때문에 장기적인 전략을 세우는 것 자체가 어렵다. 그래서 대부분의 병원들은 당장 효과가 나는 전략과 전술에만 매몰되어 한 치 앞의 미래를 보지 못한다. 물론 광고는 바로 효과가 나야 한다.

그러나 마케팅은 다르다. 마케팅은 기업의 브랜드 가치 및 브랜드 유지와 영속성과 관련된 문제이다. 한 번 온 고객을 영원히 우리 고객으로 만들 수 있다면, 광고비가 계속 늘어나는 걱정을 하지 않아도 된다. 이번 장은 결국 광고비의 절감에 대한 이야기도 된다.

CRM IT 프로그램을 사용해서 고객에게 문자를 보내고 스케줄도 관리하는 병원이 많이 늘었다. 우리는 2002년 서울대학병원 CRM 개발에 참여했으며 2003년부터 의원과 병원급에 흔히 병원에서 CRM 프로그램이라고 부르는 HMS(Hospital Management System)[1]을 제공해 왔다. 현재 많은 병원이 이 프로그램을 사용하고 있는데 이 병원들 중에서 HMS 프로그램을 제대로 이해하고 쓰는 병원은 10퍼센트 남짓이다. 그래서 CRM를 사용하는 병원들에게 개념 교육을 하는 경우가 있다.

당신이 레스토랑에 들어갔다. 스테이크를 미디엄레어로 주문했는데 미디엄웰던으로 나왔다. 그래서 웨이터를 불러 점잖게 항의를 하고 스테이크는 그냥 먹겠으나 불쾌하다는 의사를 전달했다. 잠시 후 제대로 로스팅된 스테이크가 나와서 식사한 뒤 계산을 하려는데, 내가 먹은 스테이크 값이 계산에서 제외되었고 지배인이

---

[1] 우리는 로컬용 MCO(Management Change Officer)라는 CRM 솔루션을 운영하고 있다. 우리는 CRM을 솔루션 사용 그룹과 비사용 그룹으로 나누어서 관리하고 있다. 비사용 그룹의 경우, 먼저 프로세스를 설계하고 교육 및 수정 작업을 거친 후 솔루션을 구성한다.

나와서 미안하다며 10퍼센트 할인권을 주었다. 당신은 이 레스토랑에 다시 가겠는가? 아마 대부분은 그렇다고 할 것이다. 내 항의가 받아들여졌음은 물론이고, 실수를 솔직하게 인정하며 자신의 실수에 책임을 지는 곳이기 때문이다. 게다가 10퍼센트 할인권까지 주니 안 갈 이유가 없다. 그리고 이 레스토랑은 다른 곳에 소개해도 부끄럽지 않겠다는 생각마저 든다. 과연 이 레스토랑의 주인은 인심이 좋은 것일까? 이 간단한 이야기 안에는 CRM의 핵심적인 요소가 상당수 담겨 있다.

모든 조직(영리든 비영리든 정치조직이든)의 목적은 충성 고객을 만드는 데 있다. 매출과 수익이라는 것은 부산물이다. 정치적으로 해석하면 세력화이고 비영리조직으로 본다면 후원 회원의 증가이다. 결국 모든 조직의 궁극적인 목적은 증식에 있다. 세포분열과도 같다. 그래서 새로 불어나는 고객, 회원, 조직원은 매우 중요하다. 그러나 그 새로운 사람들을 받아들이는 방식은 사뭇 다르다.

한 명의 고객이 우리에게 유입되기 위해서 쓴 비용은 얼마인가? 만약 한 달 마케팅 비용이 1,000만 원이고 신규 환자 수가 30명이었다면 신규 환자를 창출하기 위해 들어간 비용은 333,333원이다. 이 신규 환자들이 각각 100만 원씩의 매출을 일으켰다면 3,000만 원의 매출이 나온다. 여기서 이 고객들을 유치하기 위해 들어간 마케팅비용을 제외하면 2,000만 원의 수익이 창출된 것이다. 이 환자들 중 일부 혹은 전부가 다시 내원해 추가로 매출을 일으킨다면 마케팅 수익은 더 늘어난다. 그러나 대부분의 병원은 재진환자보다 초진환자에 집중하는 경향을 보인다. 아니라고 말하고 싶은 병원도 많을 것이다. 그러나 숫자는 거짓말을 하지 않고 경험은 실제를 증명한다. 지금 당장 당신 병원의 재진 유지 비율을 따져보라. 초진이 유지하는 매출 비중이 얼마나 되는가? 필자는 이것을 수렵형인가 재배형인가로 구분하고 있다. 만약 그것을 모르고 있다면 당신의 자산은 계속 새고 있는 것이다.

병원의 의뢰를 받아서 모니터링을 하는 경우가 있다. 해당 병원과 그 병원의 경쟁 대상을 다섯 곳 이상 선정하여 상담한 뒤, 다시 리콜이 오는 병원은 5퍼센트 정도밖에 되지 않는다. 비급여 진료과라면 어떤 과인지 불문하고 공통된 현상이다. 이것은 한 사람을 자신의 병원에 오게 하기 위해 병원이 얼마의 돈을 쓰고 있는지 잘 모르는 것이다. 한 사람의 환자가 당신의 병원에 오기 위해서 어떤 과정을 거쳐서 전화를 하고 내원을 하는지 그 귀중함을 모르는 것이다. 한 명의 고객을 창출해서 재진으로 연결하여 평생 고객으로 만들 생각을 하지 않는 것이다.

니만 마커스(Neiman Marcus)의 "InCircle", 노드스트롬(Nordstrom)의 "The Nordy Club", 갤러리아 백화점의 "GVIP" 등 이름은 다르지만 모두 고객을 한 번 더 오게 만들기 위해서 만드는 것이다. 물론 병원들도 프로모션을 한다. 그러나 효과가 있다는 말을 잘 듣지 못했다. 이유는 겉모양만 따라하기 때문이다. 정확한 의도를 가지고 계산된 액션과 CRM이 있어야 가능하다.

병원에서는 한 번 온 고객에게 어떤 것을 하고 있나? 그 사람을 병원에 내원하게 하기 위해서 333,333원을 사용하였는데 그다음 방문해서 시술을 받게 하기 위해서는 얼마의 돈을 쓰고 있는가 말이다. 대부분은 별로 관심이 없다. 이미 한 번 결제한 고객에게는 돈을 쓰지 않는다. 잡힌 물고기에게는 미끼를 주지 않는 것처럼. 문제는 이 고객들은 물고기처럼 갇힌 상태가 아니므로 얼마든지 어망을 뚫고 다른 곳으로 갈 가능성이 높으며 다른 병원의 충성고객이 되면 당신의 병원에 대해서 좋지 않게 이야기할 수도 있다. 마케팅 비용을 한꺼번에 마케팅 회사에 지출했으니 그 한명의 고객에게 얼마의 돈을 썼는지 환산되지 않을 뿐이지 모든 병원은 초진환자에게 비용을 투자하고 있는 것이다. 두 번째 방문을 유도하는 데에는 초진환자에게 쓰는 비용의 절반 정도만 투자해도 충분하다. 그럼 정확히 얼마만큼의 금액을 써도 되는지 어떻게 알 수 있을까?

한 명의 고객이 병원에 오면 평생 얼마의 비용을 쓸까? 이것을 생애 가치라고 부른다. 한 명의 고객이 평생 한 병원의 시술을 몇 번이나 받고 얼마를 쓰는지에 대해서 알고 있다면 고객에게 얼마의 비용을 투자해도 되는지를 알 수 있다. 앞서 말한 레스토랑은 이런 개념을 정확히 알고 있기 때문에 고객에게 스테이크의 가격을 받지 않아도 다시 또 방문하여 더 오랫동안, 더 많은 식사를 할 것임을 예측했던 것이다. 그리고 10퍼센트 할인 쿠폰을 통해서 두 번째 구매를 유도함으로써 장기적인 관계를 유도할 장치도 만들어놓았다.

예전에 '아나바다'라는 운동이 있었다. '아껴 쓰고, 나눠 쓰고, 바꿔 쓰고, 다시 쓰자'의 약자이다. 우리가 CRM을 함에 있어서는 고객들이 '많이 쓰고(매출을 많이), 자주 쓰고(자주 내원), 나눠 쓰고(소개)', '바꿔 쓰고(다른 시술)'를 실천하도록 유도해야 한다. 결국 CRM은 이런 것이다. 직원들에게 "환자에게 잘해줘, 친절하게 해줘, 또 오라고 해."처럼 전략 없는 조언이나 지시를 하는 것은 "그냥 막해."라는 말과 다름없다. 고객들이 오게 하려면 정확한 동기가 있어야 한다. 두 번 갈 만한 이유가 있어야 두 번 오는 것이고 추천할 만한 이유가 있어야 추천을 하는 것이다. 인터넷을 찾아보고 온 사람은 까다롭다고 생각하면서 오기를 꺼려하거나 고객의 질이 좋지 않다고 생각하는 건 아닌지 모르겠다. 그건 그 사람의 니즈를 당신이 맞추지 못한 것일 뿐이다. 아직 신뢰가 없는 것이다. 당신 병원의 충성 고객도 다른 곳에 가면 다 그렇게 까다롭게 군다.

인터넷 시장의 변화에 따라서 많은 환자들의 병원 선택 기준이 달라졌고 까다로워졌다. 인터넷으로 오는 사람이 그런 것이 아니라, 아직 신뢰가 없는 상태기 때문이라는 것을 명심해야 한다. 그 사람들을 어떻게 하면 로열티가 높은 고객으로 만들지 연구하고 동기를 제공해야 한다.

중요한 실천사항을 따르자.

첫째, 전화로 연락이 온 고객, 인터넷에 문의를 남기는 고객을 산 넘고 물 건너 온 귀한 손님으로 여겨야 하고, 그 한 번의 인연을 소중하게 여겨야 한다. 이를 매일 직원들에게 강조하라.

둘째, 한 번 시술을 받은 고객을 어떻게든 두 번 오게 만들어라. 단골이 될 확률이 두 배로 높아질 것이다.

후기와 사진을 활용하라

2

　요즘은 많은 병원들이 시술 사례를 인터넷이나 홈페이지에 소개하는 데 열을 올리고 있다. 특히 미용 시술의 경우에는 리얼 스토리 형식의 시술 후기가 인기를 끌고 있다. 최근에는 모델을 섭외해서 좋은 사진을 올리기 위해 노력을 하고 있다. 아예 전후 사진이나 리얼 스토리를 넘어서, G성형외과처럼 유명 방송인을 모델로 내세워 광고하는 경우도 있다. 이런 기류를 따라서 많은 병원들이 시술 후기를 적고, 리얼스토리를 만들고, 모델을 섭외해서 광고를 하고 있다. 그런데 하나 오판하는 것이 있다. 모든 마케팅의 전술은 최초 인식이다. 처음 시도한 사람의 효과를 따라 하는 사람들이 똑같이 얻기는 어렵다. 원래 마케팅은 1위, 2위, 3위의 전략이 다르다. 그리고 지역 병원과 독특한 스페셜리스트의 전략도 다를 수밖에 없다. 그런데 큰 병원에서 하는 방법을 그대로 사용한다고 해서 병원에 초진이 많아질 거라는 것은 안일한 생각이다.

1위의 전략은 First Mover의 전략이다. 최초로 시행하는 것에 초점을 맞추어야 한다. 환자의 인지에 남보다 먼저 새로운 시도를 했다는 '최초'라는 인식을 심어야 한다. 물론 의료법으로 인해 최초라는 단어를 쓸 수는 없으나 그런 인상을 심어줄 수는 있다. 그것이 1위가 살아남는 방법이다. 결국 시장의 표준을 선도하는 것에 주력해야 1위를 수성할 수 있다.

　2위의 전략은 1위가 하는 새로운 시도를 따라 하면서 표준을 가속화시키는 것이다. 결국 표준이 굳어지지 않으면 새로운 스페셜리스트들에 의해서 시장이 돌파될 우려가 있으므로 선두 그룹을 필두로 한 표준 인식을 만들어줘야 한다. 선두 그룹이 아닌데 1위, 2위 병원들이 하는 전략을 따라 하는 것은 아무 의미가 없다. 아무리 많은 말이 있다고 하더라도 마케팅의 핵심은 최초 인식이다. '리프팅' 하면 어디, '역류성식도염' 하면 어디, 이런 식이다. 선두그룹이 하는 것만 따라 한다고 결코 매출이 늘어나지 않는다. 그냥 그런 지역 병원으로 인식될 뿐이다.

　결국 돈에 의해서 좌우되는 광고 시장[1]에서는 명확한 차별화가 없는 병원은 선두 그룹을 도와주는 들러리를 서게 될 뿐이다. 똑같은 모델에 똑같은 리얼스토리에 똑같은 후기들은 차별화가 되지 않는다. 그렇다면 어떤 차별화를 만들어야 미래에 성공을 보장받을 수 있을까?

　프랑스의 루드르 샘물에 대해서 들어본 사람이 있을 것이다. 프랑스 루드르 지방 가브 강가에 위치한 이 샘물은 하루에 2만 5천여

---

[1] 물론 효율성을 높여 비용 대비 효과를 향상시킬 수는 있지만, 절대적인 예산 차이를 극복하기는 쉽지 않다.

명이 1리터의 물을 받기 위해 줄을 선다. 왜 이렇게 많은 사람들이 이곳에 찾아오는 것일까? 물론 신성의 힘이라는 것이 근본적 이유겠으나, 이곳에서 떼어주는 완치증명서도 이유가 되고 있다. 사람들은 기적을 바라며 루드르 샘물을 찾아간다. 이 샘물로 병이 나은 사람의 비율과 샘물을 먹었지만 낫지 않은 사람의 비율을 보면 당연히 낫지 않은 사람이 많을 것이다. 그럼에도 불구하고 이렇게나 많은 사람들이 이곳을 찾는 이유는 신뢰 때문이다.

사람들이 신뢰를 얻는 방법은 과학적이지 않다. 냉장고를 살 때 어떻게 하는지 기억해보자. 냉장고의 전문가에게 물어보는가 아니면 옆집 철수 엄마에게 물어보는가? 우리는 어떤 것을 구입하고자 할 때 전문가에게 묻는 것이 아니라 내가 잘 아는 사람이나 나와 같은 처지에 있는 사람의 말을 더 신뢰하는 경향이 있다. 그래서 루드르 샘물에서 기적이 일어나 병이 나았다는 사람들의 이야기를 믿는 것이다. 특히 루드르 샘물의 경우 건물의 한 공간에 샘물을 먹고 병이 나은 사람들의 이야기를 전시해놓았다. 그리고 완치증명서를 떼어주면서 하나의 의식을 통해서 그 사람을 전도사로 만든다. 이러한 의식이 의식의 매커니즘을 알고 한 것은 아니겠지만 루드르 샘물을 마케팅하는 과정에서 매우 중요한 역할을 했다.

병원에 온 사람들에게 후기를 받고 치료를 받거나 시술을 받은 사람과 사진을 찍는 건 좋은 마케팅 방법이다. 많은 병원들이 이러한 것을 간과하고 있다. 단순하게 후기를 적어서 공개하고 시간이 지나면 효과가 없는 일로 치부하여 중단한다. 그리고 환자가 후기를 직접 적는 것이 아니라 병원에서 가공하여 올리는 경우도 많다.

또 사진을 찍는 것을 꺼리는 환자를 만나면 사진 찍기를 쉽게 포기하기도 한다. 그러나 병원 내에 원장이 환자와 찍은 사진이 많이 붙어있다면 고객은 "저 사진은 어떻게 찍는 거예요?"라고 묻는다. 이것이 치료에 대한 동기 부여가 되기도 한다.

한 성형외과를 만나서 이야기를 들었는데, 이 병원은 정말 수술을 잘하는 병원이었다. 윤곽수술에서는 타의 추종을 불허한다는 느낌까지 받았다. 그러나 너무 아쉽게도 수술 전후 사진과 시술 후기가 없었다. 마케팅을 중요하지 않게 생각한 것인데, 수술 실력만 있으면 된다는 판단이었던 것으로 보인다. 그러나 시간이 지나고 환자가 점점 떨어지는 것을 경험하면서 마케팅을 해야겠다고 생각했다. 문제는 콘텐츠에 있었다. 과거 환자가 많았을 때 만들어 놓아야 했던 시술 후기와 사진 등의 자료가 없으니 수술을 아무리 잘해도 증명되지 않았다. 시술 능력만 믿고 마케팅을 등한시하면 반드시 후회할 날이 온다.

시술 후기를 받는 것은 일종의 의식 행위라고 보아야 한다. 시술 후기를 적어달라고 하는데 욕을 적는 사람은 없다. 대부분 긍정적인 내용을 적게 된다. 그리고 꼭 사인을 하게 해야 한다. 이런 과정을 거친 사람들은 대부분 병원의 시술에 대한 만족도가 높고 2차 혹은 3차 시술에 대한 순응도 역시 올라간다. 자신이 한 행위를 통해서 무의식적으로 저항이 사라지기 때문이다.

사진을 찍어야 하는 이유는 직관성 때문이다. 눈을 가린다고 하더라도 시술받은 사람의 사진이 많으면 그 자체가 하나의 훌륭한 증명이 된다. 양은 질을 변화시킨다는 변증법의 논리처럼 이러한 환자들의 시술사진과 후기는 일정 수준의 양을 넘어서면 엄청난 파급력을 가진다. 이른바 증명이 된 것이다. 그러나 대부분의 병원은 환자가 거부한다는 논리로 사진과 후기 마케팅을 하지 않고 있다. 바꾸어 설명해보면, 환자 300명으로부터 수술 전후 사진이나 후기 자료를 받으면, 강력한 마케팅 무기를 갖게 된다는 뜻이다. 아무도 하지 않고 있으므로….

원내에 비치하는 후기에 대해서 모니터링 요원에게 자주 물어보는데, 다음과 같다.

1) 이 병원의 후기는 진짜라고 믿어지는가?
2) 이 병원의 후기는 눈에 띄고 직관적이며 치료에 대한 신뢰가 생기는가?
3) 홈페이지 게시한 후기나 시술 사례의 내용을 보면 내원하고자 하는 궁금증이 생기는가?

우리는 시술 후기나 사진 그리고 영상 등을 디자인하고 '징그럽게도' 계속 수정해서 눈에 잘 띄게 만드는 작업을 끊임없이 업데이트 한다. 가짜 후기가 넘친다는 말이 많은 요즘, 마케팅은 바로 여기에 답이 있다. 사람들은 끊임없이 진실을 찾는다. 미래를 위해 지금 시간과 노력을 투자하라. 노력에는 배반이 없다.

우리 병원을 찾은 환자는 과연 만족할까?

2000년대 초반 병원의 화두는 단연 '친절'이었다. 사실 그 이전에 병원은 친절할 만한 이유가 없었다. 병원을 열기만 하면 매출이 오르는 구조 속에서 친절은 다른 산업의 이야기였다. 그러나 정부의 지속적인 의사 수 확충과 더불어 2000년대 초반을 중심으로 친절 이슈가 많아지기 시작했고, 1990년대 중후반 예치과의 코디네이터 도입 이후, 비급여 전문 로컬 병원을 중심으로 친절 교육이 보편화되었다. 이 당시 만났던 병원들이 우리에게 이야기한 것 중 중요한 주제가 친절한 직원을 소개해달라는 것이었다. 이 시기를 중심으로 코디네이터 교육 기관이 양적 팽창을 하게 되었고 병원들도 고객의 만족도를 친절 중심으로 올리기 위해서 노력했다. 그러나 과연 이런 노력은 결실을 맺고 있을까?

만약 병원이 친절하기 위해 직원 교육을 했다고 치자. 그러고 나서 고객이 얼마나 만족하는지를 무엇으로 측정해야 할까? 2000

년대 초반에 유행했던 것은 비단 코디네이터만이 아니다. 고객의 만족도 조사 역시 비급여 로컬을 중심으로 급속도로 확산되었다. 그렇게 나온 결과를 가지고 "만족도가 높은 병원이다", "아니다"라는 식의 이야기들이 돌았다. 어떤 병원은 70점을 받고 어떤 병원은 80점도 받았다. 그런데 과연 이런 수치가 의미 있는 것일까?

당신은 설문지를 받으면 어떻게 표기를 하는가? 5점 만점이면 3~4점, 7점 만점이면 4~5점, 10점 만점이면 7점 정도가 일반적인 평균 체크포인트다. 아주 만족하지도 않고 그렇다고 실망하지도 않은 사람들이 주로 체크하는 숫자이다. 그래서 설문조사를 할 때 부정적인 결과를 도출하고자 할 때는 보기의 숫자를 늘려서 조사하려는 경향을 보인다. 보기의 수가 적으면 상대적으로 높은 만족도로 보이기 때문이다. 예를 들어 똑같은 사람이 5점 만점의 4점, 7점 만점의 5점, 10점 만점의 7점을 선택했다면 백분율로 환산했을 때, 80퍼센트, 71퍼센트, 70퍼센트로 점점 낮아진다. 그러니 정확한 점수를 기대하는 것은 설문의 기술에 따라 달라질 수밖에 없다.

그리고 또 한 가지 중요한 것은 레버리지가 불가능하다는 점이다. 70점을 80점으로 올리기 위해서 무슨 노력을 해야 하는지 알기 어렵다는 한계가 있다. 결국, 점수로 환산한다는 것은 수치를 높이기 위한 것인데 주관적인 만족도를 나타내는 이런 수치들은 높은 수치로 견인할 수 있는 방법을 산출해내기 어렵기 때문에 관리할 수 있는 변수 또한 존재하기 어렵다. 한마디로, 더 높은 점수를 얻을 방법을 알 수 없다는 것이다. 그럼 우리가 관리해야 하는 것은 어떤 수치일까?

여기서 주목해야 할 것은 NPS(Net Promoter Score)[1]다. 순고객추천지수라는 것인데 매우 의미가 있는 내용이다. NPS는 2000년대 중반 《하버드비즈니스 리뷰》에 소개되면서 GE와 마이크로소프트 등 주요 회사들이 도입한 것이다. 추천 의향을 보는 것인데 복잡한 것은 제외하고 말하자면, 추천을 하는 사람은 만족도가 높은 사람이라는 것이다. 그렇다면, 추천을 하지 않는 사람은 우리 병원에 계속 온다고 하더라도 만족하지 않고 있다는 말이 된다. 얼마나 심플한가?[2]

우리가 간과하고 있는 것은 우리가 어느 곳을 바라보고 있느냐는 것이다. 기업, 병원을 망라하고 기업의 지속성장을 위해서 필요한 것은 충성 고객이다. 이미 대다수의 대기업들은 매출 중심의 경영에서 충성 고객 중심의 경영으로 관점을 변화하고 있다. 고객만족도를 높이는 것도 좋지만 중요한 것은 환자를 충성 고객으로 만들어서 '지속 가능' 경영으로 가는 것이다. 충성도가 높은 고객은 단순하게 매출이 높은 고객이 아니라 구매 빈도가 높고 추천도 잘하는 사람이어야 한다. 증식이 되지 않는다면 무의미하다.

매출 중심으로 병원의 경영을 사고하면서 친절하라고 강조하는 것은 바보 같은 짓이다. 매출 중심의 경영을 지속적으로 추구하면

---

1) NPS를 고객의 충성도를 묻는 질문으로 요약한다면, NPS2.0은 고객의 피드백을 실시간으로 반영하는 것, CES(Customer Effort Score)는 고객이 문제를 해결하는 데 얼마나 수월했는지를 평가하는 방식이며, 2012년에 제안된 EGR(Earned Growth Rate)개념은 실제 추천으로 인해 발생한 매출 증가분을 측정해 충성도의 비율을 계산하는 방식이다. MCO에는 고객 추천과 그 추천으로 인한 매출 트리가 자동 계산되는 기능이 2010년에 개발되어 서비스 되고 있다. EGR 개념을 만든 Fred Reichheld보다 11년 앞서 적용한 것이다.
2) CRM에 적용하는 방식과 계산은 실제로 조금 더 복잡하다. 하지만 개념은 동일하다.

직원들은 재진 유도보다 마케팅을 통한 신규 환자 유치에 더 많은 노력을 기울이게 된다. 그러나 조직은 이런 낭비 전략으로는 지속 가능한 경영이 불가능하다. 광고가 아니라 마케팅을 해야 한다.

 병원이 지속 가능한 경영을 하기 위해서는 매출과 재진 고객의 구매 빈도율, 추천 비율까지 고려해야 한다. 그리고 이러한 수치를 지속적으로 높이기 위한 전략이 필요하다. 3가지의 관점을 가지게 되면 매출을 높임과 동시에 충성 고객을 높이는 목표를 지향하게 된다. 단순하게 만족도만 높이는 전략은 아무 의미가 없다고 말했듯이, 매출만 강조하게 되면 매출의 질이 떨어진다. 광고라는 것은 초진을 늘리는 전략인데, 내부에서 초진을 재진으로 확보하고 재진환자를 다시 충성 고객으로 만드는 프로세스가 돌아가지 않는다면 그것은 고객을 모으는 것이 아니라 뜨내기 손님으로 취급하는 노점상과 다를 바 없다. 이것은 마케팅 비용 자체를 낭비하는 것이다.

 매출을 늘리는 방법은 크게 보면 두 가지밖에 없다. 새로운 고객을 만들어내거나, 기존 고객에게 다시 팔거나 한 번 판 사람에게 다른 것을 팔면 Cross Sale이 되는 것이고 한 번 산 사람이 자꾸 구매하게 하면 Repeat Purchase[3]가 되는 것이다. 문제는 이러한 것을 하기 위해서 얼마나 많은 노력을 기울이고 있느냐는 것인데 앞서 설명한 것과 같이 두 번을 구매할 때 할인 혜택을 더 주고, 세 번 구매할 때도 혜택을 주고 하는 식으로 지속 구매를 위한 유도가

---

3) 고객이 동일한 제품이나 브랜드를 반복적으로 구매하는 행동을 의미

필요하다.[4] 그래서 한 명의 고객이 충성 고객이 되어 많이 쓰고, 자주 쓰고, 바꿔 쓰는 사람이 될 때까지 노력을 기울여야 한다.

광고가 아니라 마케팅을 해야 한다고 자꾸 반복적인 말을 하는 것도 충성 고객의 중요성을 인지시키기 위한 것이다. 광고를 잘하면 신규 환자가 늘지만, 마케팅을 잘하면 지속 경영이 가능한 1등 병원으로 성장할 수 있다. 주변의 의사 지인들에게 물어보라. 이렇게 매출뿐 아니라 구매 빈도수와 추천 지수까지 관리하는 병원이 있는지를. 아마도 1퍼센트 정도 수준으로 거의 없을 것이다. 1퍼센트의 병원들은 당장은 빛을 발하지 못할 수 있지만, 반드시 크게 성공할 것이다. 매출만 바라본다고 해서 매출이 오르지 않는다. 매출을 견인할 수 있는 명확한 수치들을 같이 관리해야 한다. 남들이 하지 않는 것을 얼마나 하느냐에 따라서 변화한다는 것을 알아야 한다.

최근 인기 프로그램 중에 《히든싱어》라는 프로그램이 있었다. 이 프로그램은 단지 모창 대회라는 틀에서 벗어나 세련된 형태의 팬미팅을 보여줌으로써 잔잔한 감동을 주고 있다. 왜 사람들은 이 프로그램을 보고 감동을 느끼는 것일까? 한 가수를 너무나 좋아해서 그와 노래도 비슷하게 부를 만큼, 그 가수의 노래를 많이 연구하고 들었으며 불렀다는 점이 포인트다. 모창대회에 나오기 위해서가 아니라 내가 좋아하는 사람과 만나기 위해서 노력한 사람들

---

4) 개념은 같지만 단순하게 설계해서는 안 된다. 잘 알다시피 병원은 유인 행위에 따른 제재 위험이 있으므로 프로세스 설계에 더욱 신경 써야 한다. 다만, 중요한 것은 동기 부여를 만드는 것이 전제이며, 동기 부여가 가능하다는 것은 관리가 가능하다는 의미다. 더 많은 소개를 만들기 위해서는 반드시 측정, 관리, 그리고 개선이 필요하다.

이기 때문에 감동을 준다. 이렇게 팬을 몰고 다니는 가수와 연예인처럼 당신의 병원에 팬을 만드는 것이 불가능한 일일까? 간혹 고맙다며 병원에 케이크를 사들고 오는 환자, '원장님에게 수술 잘해주셔서 고맙다'고 와인을 선물하는 환자, 이 병원이 좋다고 다른 사람들에게 소개를 하는 환자들은 형태는 다르지만 병원에게 있어 팬과 같은 존재이다.

대부분의 병원은 이런 환자들을 잘 대우하지 못한다. 조금 아는 체하다가 그냥 지나쳐 버린다. 이것은 광고를 통해 유입된 신규 환자를 충성 고객으로 만드는 데 실패하는 것이고, 결국 다람쥐 쳇바퀴 돌듯 신규 환자가 끊이지 않아야 돈을 버는 구조가 되어, 밑 빠진 독에 물 붓는 꼴이 된다. 우리 병원을 좋게 생각하는 고객을 지속적으로 알아보고 대우하는 것이 병원 만족도를 높이는 지름길이다.

환자가 까다로워진 것이 아니라 시대가 변한 것이다

"마케팅을 하고 까다로운 환자들이 많아졌거요."

"기존의 고객들은 안 그랬는데 마케팅을 보고 온 고객들은 까다롭고 우리가 권하는 것도 잘 안 해요. 무슨 방법이 없을까요?"

"광고를 통해서 온 환자들은 질이 좋지 않아요."

기존 고객들은 내 입맛에 맞는 고객인데 인터넷 고객은 아니라는 것이다. 하지만 인터넷을 보고 온 사람들은 신뢰가 다져진 상태가 아니기 때문에 처음부터 잘 잡아야 한다. 여기서 잘 잡는다는 것은 관계에 대한 설정을 말하는 것이다.

위와 같은 이야기를 하는 병원들은 대개 광고나 마케팅은 의사가 관여하거나 상관할 영역이 아니라는 묘한 생각을 가지고 있는 경우가 많다. 병원 내에 마케팅을 고민하고 함께할 직원이나 부원장, 또는 경영자가 있다면 맞는 말이지만, 그렇지 못한 규모의 병원들은 모두 원장의 몫이다. 물론 광고회사를 잘 선정해서 일부 도움을 받을 수는 있다. 그러나 마케팅이라는 전체적인 업무는 당신이 직접 해야 하는 것이고 적극적으로 참여해서 부족한 부분을 채워야 한다. 그런데 기본을 잘 이해하지 못하고, 광고만 하면 환자가 알아서 줄을 서는 것이라는 오판을 한다. 그러다 환자가 모이지 않으면 마케팅 자체에 문제가 있다고 오판하게 된다. 광고 업체를 계속 바꾸어도 효과가 없다고 인식을 하게 된다.

마케팅 경로를 거쳐 오는 환자들은 소개로 오는 고객보다는 까다롭다는 생각을 해야 한다. 그리고 마케팅과 광고는 다르다는 것부터 인식해야 한다. 마케팅은 병원에서 하는 모든 활동이 그 안에 들어간다. 재진을 위한 권유, 환자 치료의 시스템을 바꾸는 것, CRM 등 모든 고객과의 접점에서 발생하는 것들이 마케팅의 범주에 들어간다. 광고라고 하는 것은 매체에 자신을 알리기 위해서 돈을 지불하고 선전하는 것이다. 기본적으로 광고의 틀에 들어가면 고객들은 비교를 하기 때문에 까다로울 수밖에 없다. 그리고 현대는 많은 정보 속에서 선택을 해야 하기 때문에 환자도 자신의 선택에 대해 확신하지 못한 상태에서 거래가 시작되는 경우가 많다. 그래서 까다로운 환자 탓을 할 것이 아니라 그만큼 시대가 변화했다는 것을 인정해야 한다. 그리고 내 영역의 환자가 아닌 새로운 영역의 환자들이 수급되어야 매출이 증대한다.

일단 이것을 당연하게 받아들였다면 여러 가지 수치에 대해서 관점을 다양하게 열어둘 필요가 있다.

① 전화 문의 수, 홈페이지 문의 수
② 예약 수

③ 방문 수
④ 진료 동의 수

①번이 마케팅 업체의 효율이다. 간혹 "천만 원을 쓰는데 ROAS[1]가 200퍼센트밖에 되지 않는다"라고 하면서 문의해 오는 병원이 있다. 판단을 조금 수정해 보자. 보통 로아스라는 것은 광고를 인하우스에서 모두 진행할 때 측정이 가능하다. 광고를 진행했는데 어느 접점에서 이슈가 있어서 효율이 떨어지는지 외부 업체가 전체 핸들링할 수 없기 때문에 일정한 ROAS를 책임지기 어렵다. 광고부터 진료 동의까지의 전체 과정 중 어떤 부분에서 문제가 발생했는지 측정해 보고 문제가 있는 부분을 해결해야 개선이 될 가능성이 높다.

①번과 ②번 사이에는 상담 직원과 환자 간의 전화 통화 및 SMS 등의 유도 활동이 들어가고 ②번과 ③번 사이에도 역시 마찬가지의 활동이 필요하다. ③번과 ④번의 사이에는 병원의 상담 역량이 들어가게 된다. 최종 관리 수치를 보면 ① 문의 수 ② 예약률 ③ 방문율 ④ 진료 동의율 (타율 혹은 상담 성공률) 등을 볼 수 있다.

대부분의 병원들은 여기서 ④번만 관리하는 경우가 많다. "우리는 상담 성공률이 60퍼센트, 70퍼센트예요. 환자만 오면 됩니다. 오게만 하면 수술을 해요"라고 말하기 쉬운데, 이건 아쉽게도 착각이다. 상담 성공률은 60~70퍼센트일지 몰라도 접촉된 지점을 모두 따지면 수치가 더 떨어지게 된다.

---

1) Return On Ad Spend : 광고에 투자한 금액이 얼마나 많은 수익을 가져왔는지 측정하는 지표

문의 수가 한 달에 60건이었는데 예약이 50건, 방문이 40건이 되었다고 할 때, 60퍼센트의 성공률을 보인다면 24건이 수술로 이어졌다고 할 수 있다. 그런데 이것을 확대해서 40건 기준에서가 아니라 60건 기준에서 24건이 수술이 잡힌 거라면 진료 동의율은 60퍼센트가 아니라 40퍼센트밖에 되지 않는 것이다. 여기에 통화 대기 중 연결되지 않은 고객이나 전화를 아예 받지 않은 고객까지 포함하면 더 많은 수의 환자들을 놓친 것이 된다. 정말 당신 병원의 상담률이 아직도 높다고 생각하는가? "광고를 통해서 온 환자들은 질이 좋지 않다"라는 말의 본질은 우리 상담 성공률이 60%인데 이번 달에는 그에 미치지 못할 때의 변명일 뿐이다.

"문의한 사람 중에 전화를 받지 않는 사람도 많아요"라고 말하는 경우는 정말 난감하다. 문의가 와서 전화를 했는데 통화가 안되는 사람들은 어떻게 해야 할까? 대부분의 병원들은 몇 번 통화를 하다가 말아버린다. 하지만 '받을 때까지' 해야만 한다. 그 사람과 통화를 해서 "전화하지 마세요"라는 말을 들을 때까지 전화를 해야 한다. 종결은 상대방의 말을 들어보고 결정하는 것이지 전화를 받지 않는다고 자신이 먼저 중단하면 안 된다. "아니 그러면 만날 전화만 하고 있으라는 건가요?"라고 반문할 수 있다. 그렇다면 전화를 하지 않고 무엇을 할 것인가? 병원의 잠재고객과 통화를 하는 것보다 중요한 일이 또 있는가? 돈을 들여서 광고를 하고 그 광고를 보고 온 소중한 잠재고객이라는 것을 알아야 한다. 개중에는 정말 아무 의미 없이 상담을 남기는 경우도 있으나 정말 바빠서 연락을 받지 못하는 사람도 있다. 전화 통화가 되기 전에는 알 수가 없다. 할 수 있는 한 끈질겨져야 한다. 다른 사람의 지갑에서 돈을 꺼

내는 일은 정성을 들이지 않으면 불가능하다.

　SMS나 SNS를 선택해서 전화를 받지 않는 사람들을 모아서 발송하는 것도 좋다. 다만, 모든 사람에게 같은 메시지를 전달하지 말고 분류를 할 필요가 있다. 치료가 완료된 고객, 치료 중인 고객, 첫 내원하고 진료를 아직 수락 전인 고객, 예약하고 내원 전의 고객, 전화를 안 받는 고객, 내원 하기로 했으나 취소한 고객 등 분류는 수없이 많다.

　전화를 안 받은 사람이거나 예약을 하고 안 오는 사람이라도 얼마든지 분류를 할 수 있다. 상담 시에 아무 정보도 남기지 않은 고객, 질환명만 남긴 고객, 한두 줄 사연을 남긴 고객 등은 그것에 따라서 분류를 하고 보내야 할 메시지나 영상 혹은 치료 사례 등을 모두 분류하여 전달할 수 있다.[2]

　수많은 정보 속에서 자신이 원하는 정보를 선택하기 어렵기 때문에 다른 사람들이 주로 하는 선택을 따라 하는 것을 'Information Cascade'라 부른다. 후기를 뒤져보고 다른 사람은 어떻게 생각하는지를 유심히 본다. 그러나 이것이 무조건 올바른 답이 아니라는 것을 직감적으로 알기 때문에 비교 검토를 많이 한 환자들은 그만큼 까다로울 수 있다. 어떤 영업 사원이 팀장에게 "정말 요새 고객들은 정말 이해를 못 합니다. 장점을 최대한 부각

---

[2] 초진 환자뿐 아니라 재진 환자도 분류하여 각 환자에게 다른 메시지를 발송해야 한다. 이를 위해서는 환자가 도달해야 할 목표가 설정되어야 한다. 초진부터 시작해 소개, 재구매, 교차 구매 활성화까지 일정 수준의 개별 목표가 존재한다고 할 때 해당 목표를 향해 갈 수 있도록 동기를 부여하는 로드맵을 구성하고, 각 환자가 그 목표에 도달하도록 유도하는 플랜을 통해 재진 활성화를 이끌 수 있다. 결국 커뮤니케이션 빈도를 어떻게 높일 것인가가 핵심이다.

하는데도 못 알아들어요. 정말 답답합니다"라고 하면 팀장은 어떻게 답해야 할까? "그럼 그 고객을 불러 교육을 시켜야겠군."이라고 해야 할까?

   정답은 영업사원의 역량이 더 전문적으로 올라가야 하는 것이다. 모든 일이 그렇듯이 고객에게 문제가 있다고 접근하면 답이 없다. 답은 자기 안에 있다는 관점을 취할 때 변화와 개선이 가능하다. 광고 효율뿐 아니라 내부 상담 및 동의율이 얼마나 되는지 반드시 점검하고 개선해야 한다. 고객은 앞으로도 더 많은 정보의 홍수 속에서 까다로워져만 갈 것이기 때문이다.

그 환자는 왜 진료 안받고 그냥 갔을까?

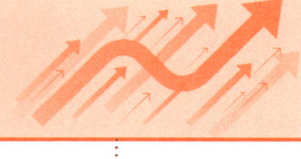

5

우리는 고객들에게 정기적으로 모니터링을 해달라는 요청을 많이 받는다. 환자를 가장해서 병원에 전화를 하고 상담을 간다. 전화부터 수술이나 치료 결정 전까지 일정한 정보를 요청했을 때 어떤 반응을 보이는지 측정한다. 제대로 된 정보를 제공하는지, 잘못된 정보를 제공하는지 여부에 대해서 살펴보고 코멘트를 해준다. 이때 경쟁 병원도 같이 모니터링을 해서 비교를 하는데 대부분의 병원들이 한 번 내원한 환자에게 다시 전화해서 설득하는 작업을 거의 안 하고 있었다. 방문 전의 고객이 전화를 안 받아서 다시 하는 것은 말할 것도 없고 방문한 환자의 경우에도 전화를 다시 하는 병원이 모니터링 대상들 중 20퍼센트가 채 되지 않았다. 그리고 한 번이 아닌 두 번을 전화하는 곳은 한 곳도 없었다. 이 말은 나머지 80퍼센트 이상의 병원은 애써 찾아온 고객들을 설득하는 데 관심이 없다는 뜻이다. 우리 모니터링 요원들에게 한 번 방문한 뒤 연락이 온 병원과 그렇지 않은 병원 중에서 수술받을 병원을 선택한다면 어떤 곳을 선택하겠는가를 질문해보았다. 당연히 전화가 오지 않은 곳보다 전화가 온 곳을 선택하겠다는 답변이 2배 이상 많았다. 선택이라는 것은 만족을 통해서 오고, 그 만족이라는 것은 좋은 서비스를 받을 것이라는 기대감에서 온다. 그리고 그 기대감은 아주 작은 요소에서 시작된다.

상담 프로세스에 대한 컨설팅 의뢰가 들어오면 미스터리 쇼퍼를 투입한다. 그 과정에서 문자 메시지, 홈페이지 정보, 통화 응대 및 프로세스, 내원 응대 및 프로세스, 상담 응대 및 프로세스, 후속 조치 등을 꼼꼼하게 점검한다.[1] 그래도 이런 의뢰가 온다는 것은 비급여 중심 병원이라는 것이고, 나름 개선을 하려는 의지가 있다는 것이다. 그리고 점검의 대상이 되는 의료진도 준비가 어느 정도는 되어 있고, 상담사의 숫자나 프로세스도 갖추어져 있는 경우가 많다.

그런데 이런 병원의 프로세스가 우수한 편은 아니다. 대부분의 병원들은 이런 말을 한다. "우리는 상담에 자신 있어요.", "환자만 보내주면 자신 있습니다." 그러나 결과는 그렇지 않다. 우리는 이런 과정 전체를 녹음을 해서 음성에 대한 분석도 같이 진행을 한다.

모든 과정 중에서 가장 많은 사례는 환자의 의도를 정확하게 파악하지 못한다는 것이다. 이 환자가 왜 지금 치료를 받으려고 하는 것인지 정확하게 물어봐야 그 사람의 니즈를 정확하게 파악할 수

---

1) 미스터리 쇼퍼는 해당 진료과에서 오랜 근무 경험이 있는 모니터링 요원과 실제 해당 질환을 경험했거나 현재 경험하고 있는 사람을 교차하여 투입하는 방식으로 진행된다.

있다. 그 병이 지금 생긴 것이 아닐 수도 있고, 그 시술이 당장 필요한 것이 아닐 수도 있음에도 불구하고 상담을 하는 사람은 그 사람과 상황에 대해 관심이 없는 경우가 많다.

대부분의 환자들은 관심이 있어 내원했지만 방어적인 태도를 보인다. 별 쓸데없는 이유를 달아서 진료 수락을 하지 않는다. "그럴 거면 왜 온거야"라는 말이 절로 나온다. 그렇다면 이 사람은 왜 이러는 것일까? 광고를 보고 무엇인가 마음에 들어서 온 것일 텐데, 왜 이 사람은 이런 선택을 하는 것일까?

호　　원 : "자, 이 환자는 진료 수락을 하지 않았는데요. 선생님 보시기에는 왜 그런 것 같으세요?"
상담사 : "음…. 가격이 원하는 수준이 아닌 것 같았어요. 뭔가 급해 보이지 않기도 했고요"
호　　원 : "그럼 우리 병원에는 왜 왔다고 하나요?"
상담사 : "글쎄요? 광고 보고 왔겠죠."

교육을 하다 보면 이런 대화가 대부분이다. 이 대화에서 우리는 무엇을 알 수 있을까? 상담사는 긴 시간 상담을 했으나 환자에 대해서 아는 것이 없다. 이름, 나이 등등 단순한 인적사항을 말하는 것이 아니라 그 사람에 대해서 아는 것이 없다.

'왜 지금일까요?'
'왜 다른 병원이 아니라 우리 병원에 오셨을까요?'
'병원을 선택할때 기준은 무엇이었을까요?'
'우리 병원은 무엇이 마음에 들었을까요?'

이런 질문은 왜 대체 안 하는지 늘 물어본다.

일반적으로 사람이 결혼을 결정하는 일은 갑작스럽게 이루어지는 경우가 많지 않다. 그리고 갑자기 결혼을 결정하는 사람들도 대부분 일정한 단계를 거쳐서 결혼에 도달한다. 개인적인 결혼의 시기와 여건, 환경에 따라서 달라질 수 있으나, 대부분은 유사한 단계를 거친다.

남녀는 처음 만나면 유사성을 인지한다. 연구에 따르면 서로의 공통점에서 호감을 느낀다고 한다. 그리고 좋은 관계를 만들 수 있는지를 살핀다. 좋은 관계를 만들 수 있다는 확인이 된 후에야 자신에 대한 이야기를 시작한다. 자신을 드러낸 뒤에는 매우 개방적인 태도가 되고 그 이후에는 역할을 취득하려고 노력한다. 남자 친구나 여자 친구의 관계가 그렇다. 역할이 부여되면 그 역할에 적합한 사람인지 확인한 뒤 마침내 결혼에 이르게 된다. 이 과정은 모두가 겪는 과정이다. 이러한 단계는 고객과 만나 단골을 만들어가는 과정에서도 그대로 드러난다.

어떤 병원을 선택하려고 하는 사람은 먼저 자신이 받고 싶은 치료나 시술을 잘할 곳인지 나에게 맞는지를 먼저 본다. 여기서 상담실장이 해야 하는 역할은 상대방이 원하는 것이 무엇인지를 정확하게 캐치하는 것이다. 환자의 대부분은 여기서 자신이 원하는 바의 이상향과 병원 사이의 유사성을 발견하지 못하고 이탈한다. 이 단계에서 병원들은 고객의 니즈와 원츠를 탐색하는 것이 아니라 단순한 필요를 묻고 정보를 제공해주는 것에 그치는 경우가 많다.

만약 환자가 병원과 자신에게 맞는 유사성을 발견하고 선택을 하면 그 다음 단계는 좋은 관계를 구축하는 것이다. 좋은 관계라는 것은 말 그대로 관계의 상호성을 말하는 것이지, '친절하게' 같은 태도를 말하는 것이 아니다. 예약을 잡거나 진료 수락을 하는 것에 너무 주의가 있다 보니 사람과 사람 사이의 관계라는 것에는 관심이 덜해진다. 좋은 관계가 될 수 없다고 믿으면 서로 헤어지는 남녀처럼 문자와 온라인 상담, 전화 상담, 내원 상담의 과정에서 유사성을 발견하지 못했거나 좋은 관계를 맺는 단계를 상상하지 못하면 환자는 바로 이탈한다. 자신의 기준에 맞지 않는다면 자신을 드러내는 것에 부담이 생기기 때문이다.

자신을 드러낸다는 것은 매우 중요하다. 자신의 정보를 드러내고, 자신의 고민을 알리고, 자신의 이야기를 한다는 것은 상대방에게 마음을 여는 일이다. 자신의 이야기를 한 사람은 이탈 가능성이 낮아진다. 그래서 대부분의 병원은 자신들의 상담 능력이 훌륭하다는 착각을 하지만, 실제로는 환자가 자신의 이야기를 했기 때문에 호감도가 올라가서 수술을 결정한 것이다. 결국, 집중해야 하는 것은 환자가 내원해서 자기의 이야기를 할 수 있도록 최대한 유도하는 일이다. 그리고 정확하게 환자의 니즈를 파악하는 것이다. '왜 지금 내원한 것인가?' 그 사람이 왜 지금 여기에 왔는지를 정확히 알아야 진료 수락의 확률이 올라간다.[2]

어떻게 하면 저 사람을 한 번 더 오게 할 수 있을까? 우리 고객 병원과 실제 진료 수락율 관련 조사를 한 결과 한 번 내원한 사람보다 2번째 내원을 하여 재상담을 한 사람의 진료 수락율이 67% 높았던 통계 결과가 있다. 따라서 전략은 환자를 두 번 내원하게

---

[2] 이러한 모든 것이 갖추어져 있어도, 이탈을 발생시키는 원인을 파악하는 것이 중요하다. 원인은 반드시 존재한다.

유도하는 방향으로 전환해야 한다. 결국 답은 환자에게 있다. 그리고 당신 병원의 Data에 답이 있다.

환자의 만족이라는 것은 자신에 대한 이해와 사랑이다. 배려받지 못했다고 생각하면 토라지고 함께하지 않으려는 경향이 있다. 그래서 누구나 자신을 온전히 알아주는 의사와 병원을 찾고 있는 것이다. 병원은 환자를 잡기가 어렵다고 하지만 환자는 믿을 만한 병원이 없다고 한다. 남자들은 결혼할 여자가 없다고 하고 여자들은 결혼할 남자가 없다고 한다. 서로를 이해하지 못하기 때문에 벌어지는 해프닝이다.

환자와 병원의 관계를 이해하지 못한다면 평생 광고 비용을 쏟아부으면서 밑 빠진 독에 물을 붓는 바보짓을 하게 된다. 나의 관심이 상담 성공율이라는 것을 들켜서는 안된다. 관심의 초점이 환자가 아닌 '그 사람'에게 맞춰져야 상담 성공률이 높아진다.[3]

---

3) 우리는 병원의 진료 및 상담 프로세스를 컨설팅한다. '① 평가, ② 모델링, ③ 시뮬레이션, ④ 정기 점검 및 개선의 과정'을 거친다. 이 과정에서 실시한 즉각 평가, 롤플레이, 녹화와 촬영 및 교육이 진행된다. 지루하게 앉아서 듣기만 하는 교육이 아니라, 실시간으로 교정을 진행하는 방식이기 때문에 효과가 즉각적이다.

어떻게 상담 성공률을 높일 것인가

6

우리는 한 산부인과의 의뢰를 받았다. 요청은 간단했지만, 해법은 쉽지 않았다. 산부인과의 경우에는 시장 상황이 좋지만은 않다. 산과의 대형화로 인해 부인과 중심의 산부인과들이 크게 어려움을 겪게 되었다. 사실 부인과가 별도로 있는 것이 아니라, 대형 산과로 집중되면서 부인과 진료만 할 수밖에 없는 환경이 된 것이 문제다. 해당 산부인과는 대형 산과는 아니고 산과와 부인과 비중이 5:5인 곳이었다.

선임 RN 한명이 상담실장 역할도 하고 직원 관리도 하는 곳이었는데, 일주일 정도 해당 산부인과의 업무와 매출 구조 및 상담과 진료 프로세스 등을 분석하였다. 우리가 가장 먼저 손을 본 것은 상담 프로세스였다. 기존의 내원 상담 프로세스를 손 보면서 원내에 있는 도구들과 장치를 개선하고 상담 콘텐츠와 과정을 모두 개선했다.

많은 의료기관이 초진 유입에는 집중하지만, 정작 내원 이후 전환이나 고가 항목의 접목에는 체계가 없다. 고가의 접종 항목(자궁경부암 백신, 호르몬 검사 등)을 효율적으로 설명하고 설득할 수 있는 상담 프로세스 모델을 구축했고, 그 결과는 놀라웠다. 도내 평균 대비 수 배의 접종 전환율을 기록했고, 단일 병원 기준 도내 1위 접종량을 기록하게 되었다. 이 성공은 단순히 매출의 상승이 아니라, '어떻게 설명하고, 어떻게 설득하느냐'는 전략의 중요성을 입증한 사례라고 할 수 있다.

우리는 프로세스 구축과 전환에 역량을 가지고 있다. 성공의 핵심은 '성향 기반 커뮤니케이션'과 '맞춤형 흐름 설계'다. 우리는 단순한 친절 교육이나 응대 매뉴얼이 아니라, 환자의 행동 패턴과 감정 선에 맞춘 설명 구조를 설계한다. 광고가 끝나고 원내에서 시작되는 모든 접점이 개선 대상이다. 전화 문의, SMS 발송, 최초 응대, 설문지 작성, 대기실 대기, 원장 진료, 상담까지 모든 과정이 개선 대상이다.

'전화문의' 과정은 응대하는 방식부터 리빌딩한다. 상담 직원이 환자의 니즈를 캐치하고, 자연스럽게 내원 유도까지 연결되도록 상담 스크립트를 설계한다. 물론 기존에도 이런 과정은 있다. 그러나 효율의 문제다. 우리는 교육 전에 해당 내용을 녹음하여 교육 과정에서 필요한 교정을 바로 바로 진행한다. 전화 문의 개선 후에 내원률이 2배 이상 달라졌다는 피드백이 많은 이유는 상담 스크립트를 교육하는 것이 아니라 응대 과정 자체를 교정하기 때문에 가능한 일이다.

SMS 발송 후에 연락이 안오는 것을 교정하는 방법, 최초 응대

시 환자에게 호감을 주는 방법, 설문지의 설계를 통해서 상담 전에 환자의 방어선에 대한 대응책을 심는 방법, 설문지 작성 시 환자의 경계심을 낮추는 방법, 대기실에 있을 때 진료나 상담 전에 자동 사전 교육이 되도록 하는 방법, 원장 진료와 상담사 상담 간의 정보 오류를 최소화하는 방법, 상담과정에서 니즈를 동기부여하고 환자의 거부감을 최소화하는 방법 등을 체계적으로 교육하고 프로세스를 개선한다.

우리는 SQI(Service Quality Institute)[1], NLP(Neuro-Linguistic Programming)[2], EH(Ericksonian Hypnosis)[3], TLT(Time line therapy)[4], OHT(Omni Hypnosis Training)[5], NLH(Neuo Linguistic Hacking)[6], MBL(Mindbending language)[7], NSC(Natural Strategy Communication)[8] 등의 교육 방식을 한국 의료계에 맞게 변형하여 교육 체계와 프로

---

1) SQI는 고객 유지, 시장 점유율 확대, 전반적인 직원 성과 향상을 통해 우수한 고객 서비스를 제공하도록 트레이닝하는 교육 기관으로, 45년 동안 그 역할을 수행해 왔다.
2) 뇌(neuro), 언어(linguistic), 프로그래밍(programming)의 세 가지 요소를 활용하여 인간의 사고, 감정, 행동을 긍정적으로 변화시키고 성과를 높이는 심리학적 접근법이다.
3) 에릭소니안 최면은 전설적인 심리치료사 밀턴 에릭슨(Milton H. Erickson)의 접근 방식을 기반으로 하는 최면 요법이다.
4) 타임라인 테라피는 개인이 과거의 부정적 경험이나 감정에서 벗어나, 보다 긍정적인 미래를 창조할 수 있도록 돕는 심리 치료법이다.
5) 강력하고 직설적인 암시를 사용하여 개인의 내적 변화를 촉진하는 방식의 최면 요법 훈련이다.
6) 신경언어 해킹은 NLP(신경언어 프로그래밍)를 기반으로 하면서도 더욱 효율적이고 직관적인 방식으로 무의식에 접근하여 빠르게 심리적·행동적 변화를 유도하는 기법이다.
7) MBL은 사람의 사고 체계를 유연하게 만들고, 상대방의 신념 체계를 변화시키기 위해 의도적으로 복잡하고 특수한 언어 구조를 사용하는 심리 기법이다.
8) NSC는 인간 본연의 자연스러운 의사소통 방식을 활용하여 심리적 저항감을 최소화하고, 개인의 무의식적 전략을 파악하여 원하는 방향으로 변화를 이끄는 접근법이다.

세스 구축에 접목하였다.

가격 등 '심리적 저항'을 설득하는 로직 설계를 통하여 단순한 비용 설명이 아니라 미래 위험 회피, 가족의 건강, 나이대별 리스크 등을 중심으로 메시지를 구조화하고 고객의 저항을 회피하는 다양한 대화 최면식 기술을 통해 프로세스를 고도화한다.

환자와의 피드백 과정에서의 대화 설계를 통하여 클레임 발생률을 줄이도록 구조화하고, 치료 성과 자체에 대한 인식을 자연스럽게 병원 이미지와 연결시켰다. 이러한 과정은 개별 환자에 대한 빌드업을 거쳐서 CRM과 접목이 된다. 이러한 환자들을 볼륨업하여 숫자를 확산하고 이것이 다시 순환 구조를 통해 소개로 이어지도록 순환 구조를 그리게 된다.

구조적으로 보면, 초진부터 시작해 단골로 전환하는 전 과정을 '설득 구조화 + CRM'으로 완성하는 프로그램이라 이해하면 된다.

그러나 이 모든 프로세스도 '실행 주체'가 누구냐에 따라 성과가 달라진다. 우리의 컨설팅 경험에 따르면, 상담 구조가 잘 짜였더라도 그것을 '운용'하는 사람의 태도, 정서, 설명 방식에 따라 성과 편차는 크게 벌어진다.

특히 중간 관리자의 역량은 핵심이다.

프로세스를 실무자와 어떤 방법으로 피드백하고, 실천해 가느냐 하는 과정은 모두 이러한 사람이 운영하는 방식에 따라서 성공률은 극적으로 달라진다.

즉, '좋은 전략'과 '좋은 사람'이 만났을 때 진짜 결과가 나온다.

우리가 설계하는 프로세스는 단순한 매뉴얼이 아니라, 성과를 '복제 가능하게 만드는 프로세스'이다. 그렇기 때문에 조직의 사람

구조까지 함께 설계하고, 실전 교육을 반복한다. 상담 프로세스가 문화로 자리 잡을 때 비로소 지속성을 갖게 된다.

우리는 상담 프로세스를 단순 기술로 보지 않는다. 환자의 의사결정을 설계하는 전략적 커뮤니케이션이자, 매출을 좌우하는 가장 중요한 접점이다. 효율이 좋은 병원의 시스템을 분석해 공통 구조를 만들고, 여기에 고가 항목별, 고객 성향별 모델링 로직을 접목시킨다. 이를 통해 각 병원이 성과를 낼 수 있는 구조를 만들어준다.

이것은 광고나 홍보의 효율을 극대화시킬 수 있는 가장 윤리적이고 지속 가능한 방식이다. 그리고 우리는 그것을 가능하게 만드는 교육과 전략 설계의 전문가 그룹이다.

재진 빌드업의 핵심
CRM 마케팅

앞서 쉬운 이해를 돕기 위해서 고객이라는 단어를 확대하여 사용하였다. 그러나 엄밀히 말하자면, '잠재고객'은 고객이 아니다. 아직 진료를 받지 않았고, 결제를 하지 않았으며, 병원을 경험하지 않은 이들은 '고객'으로 분류하지 않는다.

일반적으로 그들을 부르는 용어는 '리드(Lead)'라고 한다. 마케팅이나 영업에서 자주 쓰이는 '리드 스코어링(Lead Scoring) [1]'이나 '리드 너처링(Lead Nurturing) [2]'이란 개념도 용어적 의미의 확장이다. 리드를 고객으로 성장시키기 위해 정보 제공, 신뢰 형성, 적절한 타이밍의 프로세스가 설계되어야 한다. 병원이라는 특수한 공간

---

[1] 리드 스코어링은 잠재 고객이 실제 구매로 전환될 가능성을 수치화하는 방법이다. 각 리드에 점수를 부여함으로써 상담파트가 구매 가능성이 높은 리드에 집중할 수 있게 한다.

[2] 너처링은 '육성'이라는 뜻이다. 잠재 고객과의 관계를 구축하고 교육하여 구매 결정까지 이끄는 체계적인 프로세스다. 가치 있는 정보를 제공하고 신뢰를 쌓는 데 중점을 둔다.

에서는 이 리드가 '초진환자'로 전환되는 것이고, 이 초진환자가 또다시 '재진'으로 이어져야 진정한 고객화가 완성된다.

앞서 'Lead Nurturing'이라는 것은 잠재고객 육성이라고 이해하면 된다. 여기서 중요한 단어는 육성이다. 힌트를 얻었겠으나 잠재고객을 육성하는 시스템이 가능하다는 말이다. 그야말로 재배형 병원이 될 수 있다는 말이다. 잠재 고객과 어떠한 형태로 접촉을 하고 이들에게 필요한 정보를 제공하고, 교육도 할 수 있다. 필요한 정보를 지속적으로 제공하여 교육 효과를 얻을 수 있다. 그렇기 때문에 처음 접촉한 잠재환자를 지속적으로 접촉하고 정보를 보내서 일정 수준의 교육을 진행하는 과정을 거치면 우리가 원하는 신뢰를 일부 구축한 환자로 전환이 될 수 있다.

광고도 하고 상담도 하고 노력을 하여서 신환을 많이 만든다고 하여도 결국 재진이 초진을 소개하는 것만 못한 것이 사실이다. 그것은 모두 알고 있으나, 구체적으로 어떻게 소개를 만들지에 대한 고민은 부족하다. 그럼에도 소개만 생각을 하지 재진 전략 자체가 없다는 것은 이해를 하지 못한다. 진짜 수익은 초진이 아닌 재진으로부터 배가된다는 사실을 명확히 인식해야 한다.

많은 병원이 "재진을 늘리고 싶다"고 말한다. 하지만 구체적으로 어떤 고객이 재진이어야 하고, 어떻게 그들을 설계할 것인지에 대해서는 말하지 않는다. 재진은 단순한 내원 횟수가 아니다. 그것은 병원과 고객 사이의 관계가 한 번 더 깊어졌다는 의미이며, 하나의 '전략적 전환'이다.

CRM 마케팅의 핵심은 여기에 있다. 단순한 연락처 저장이 아닌, 고객 행동 데이터 기반의 맞춤 전략을 수립하는 것이다. 고객을 '재방문 고객', '시술 경험 고객', '상담 이탈 고객' 등 어떤 형태가 되었든 우리 병원의 기준으로 분류하고, 각 그룹마다 적절한 커뮤니케이션 루트를 설계해야 한다. 이를 위해 병원은 CRM 시스템을 활용해 고객을 '깊이' 분류하고 '정확히' 추적해야 한다. 여기서 깊이 분류한다는 것은 용어적으로는 '채굴(mining)'으로 해석할 수 있다. 광석을 캐듯이 집중해서 계속 파고 파고 또 파야 한다는 말이다. CRM을 단순한 솔루션이나 SMS 도구 정도로 여겨서는 안 된다. 그렇게 되면 프로그램은 그저 그 정도의 역할만을 수행하고 말게 된다.

재진을 오게 하는 설계의 핵심은 바로 업셀링(Upselling)과 크로스셀링(Cross-selling)의 개념이다. 다시 말해, 같은 고객에게 더 많은 서비스를 제공하거나, 관련된 다른 서비스를 제안하는 방식이다. 예를 들어, 피부레이저 시술을 받은 고객에게 제모 프로그램을 제안하거나, 보톡스를 맞은 고객에게 리프팅 패키지를 연결시키는 방식이다. 그러나 이 모든 과정은 한 가지 전제 위에서만 작동한다. 개별화. 고객을 개별적으로 이해하지 않으면, 대량 발송된 스팸 메시지로 인식된다. 다만, 이 개별화라는 작업 속에는 한가지 함정이 있다. 바로 시간이다.

"개별적으로 하면 좋지요. 그렇지만 그렇게 해서 얼마나 더 매출이 오르겠어요."

맞다. 그래서 그룹이라는 것이 있는 것이다. 개별화를 하는 그룹을 어떻게 설정하고, 수정·개선하며 반복하느냐가 중요한 요소다. 그것을 마케팅에서는 캠페인이라고 부른다. 캠페인은 자연 보호 운동이 아니라, 특정 그룹을 지칭하는 용어다. 우리가 전달해야 하는 메시지의 대상 그룹이라고 이해를 하면 되겠다. 예를 들어, 내가 어떤 메시지를 발송하려고 하는데 이 메시지에 반응할 만한 사람을 묶으면 그게 캠페인이다.

이제 병원은 더 이상 '대량 발송형' 프로모션으로는 생존할 수 없다. 고객들은 자신이 '받는 메시지'가 자신을 겨냥한 것인지 아닌지를 단박에 알아차린다.

많은 병원들이 매달 반복적으로 문자나 카카오 알림톡을 보내고 있다. 하지만 문제는 거기 있다. '누구에게' 보낼 것인가 만큼 '무엇을' 보낼 것인가에 대한 설계가 중요하다. 이로 인해 고객은 메시지를 피로감으로 인식하고, 결국 병원 브랜드는 소음으로 전락한다.

CRM 기반의 정교한 마케팅은 '타이밍'과 '맥락'이 중요하다. 예컨대, 피부 시술 후 3주째 되는 날에 "회복 경과는 어떠신가요?"라는 메시지는 고객 입장에서 '세심한 배려'로 느껴질 수 있다. 반면, 전혀 관련 없는 시술 제안은 스팸일 뿐이다.

고객이 '초진-재진-페르소나 그룹핑-장기 고객'으로 전환되기 위한 전 단계별 설계가 필요하다. 어떤 시술을 제안하기 전에 이 사람의 니즈에 대해서 미리 설문 단계부터 계획된 조사가 필요하고 접점의 구간마다 해당 환자의 변화해 가는 니즈를 확인할 수 있는 정보 저장의 프로세스가 이런 혼선을 줄일 수 있다. 이런 구조 없이는 프로모션은 단기 매출 상승은 될지언정, 신뢰 기반의 관계로 이어지지 않는다.

우리는 종종 고객을 숫자로만 바라본다. 그러나 진정한 CRM은 고객을 여정으로 바라보는 것이다. 첫 진료부터 재방문, 상담, 재

시술까지. 그 여정을 어떻게 설계하고 있는가? 그 설계 안에는 명확한 관점의 구조가 있어야 한다.

"이 고객이 우리에게 어떤 존재가 되어야 하는가?"

이 질문이 바로 재진 빌드업의 시작이자 끝이다. 고객이 단순히 한 번 오고 마는 존재가 아니라, '반복해서 찾게 되는 존재'가 되도록 설계하는 것이 진짜 목표다. 다시 말해, 단골 고객으로의 전환 설계다. 그리고 이 사람이 도달해야 하는 여정의 목표가 반드시 있어야 한다. 우리는 그곳으로 그 사람이 도달하도록 동기 부여(프로모션)를 하고 응원(메시지)을 해야 한다.

CRM 마케팅은 고객을 한 명의 '사람'으로서 이해하고, 그 사람의 삶과 감정의 흐름에 병원이 어떻게 개입할 것인가를 고민하는 작업이다. 그것이야말로 의료기관이 상업성과 진정성을 동시에 갖출 수 있는 유일한 길이다.

Chapter. 6

2년 만에 3배 성장
실전 사례

2년 만에 3배 성장 병원

"상담 프로세스를 고도화하고 싶습니다. 어떻게 하면 좋을까요?"

지방에 위치한 한 병원에서 연락이 왔다. 우리는 컨설팅을 적용하기 전에 토양부터 검토한다. 초기 진단을 위해 PTD®(Practice Target Diagnostics) [1] 분석을 실시했다. 결과는, 솔직히 말해서 참혹했다. 그러나 놀라운 일은 아니다. 유독 지방 병원에서 이런 상황은 낯설지 않다. 구조화되지 않은 상담 프로세스, 책임 없는 중간관리자, 동기부여 없는 직원, 그리고 그것을 핸들링하지 못하는 경영진. 고질적인 문제가 복합적으로 얽힌 전형적인 사례였다. 그렇

---

[1] PTD는 1999년 위즈앤콘 경영연구소(현 호원앤컴퍼니)에서 연구를 시작해, 2006년 표준 모듈을 완성하였으며, 2007년 다국적 기업 연구 지원 사업에 선정되어(사업 종료) 대한민국 상위 5% 의료기관의 경영 패턴을 기반으로 개발된 분석 도구다. 2008년 이후 200여 개 의료기관 분석 프로젝트를 시작으로, 2025년 3월 현재까지 총 401개 기관에 적용되었다. 분석 결과를 통해 조직의 정확한 현황을 보다 객관적으로 평가할 수 있다.

게 상담은 아프게 다가갔고, 독설을 하고 돈을 받아야 하는 우리의 운명을 탓하며 잠시의 인연으로 기억하고 있었다.

1년이 흘렀다. 잊고 지내던 그 병원에서 다시 연락이 왔다. 이번엔 목소리부터 달랐다.

"그때 이야기하던 문제가 대부분 드러나고 있어요. 이제는 모든 걸 바꾸고 싶습니다. 어떻게 해야 하나요?"

1년 전 우리는 위험 신호들에 대해서 경고를 하였다. 여러 가지 이슈가 발생할 수 있으며 잘못하면 횡령이나 법적인 이슈가 생길 수 있다고 말이다. 그러한 문제는 1년 만에 드러났다고 했다. 처음엔 단순히 상담 프로세스 개선에 머물렀던 병원이 이제는 조직 전체의 체질 개선을 요청해 왔다. 상담실 직원은 항상 모자라고, 병원내 부서 간 의사소통은 끊겼으며, 진료 일정조차 엉키기 일쑤였다. 상담은 병원의 얼개 중 하나일 뿐이다. 병원이라는 복잡한 유기체에서 핵심 기능들이 마비되기 시작하면서 위험 신호가 감지된 것이다. 우리는 이제 단순한 컨설팅이 아니라 '병원 경영의 재설계'라는 목표를 수립했다.

가장 먼저 한 일은 프로세스를 '문제'가 아니라 '기회'로 바라보는 시선 전환이었다. 이후 우리는 다음 여섯 가지 영역에서 대대적인 개선을 시작했다.

• 1. 세무 · 재무 구조 정비

행정실이 세무 업무의 보조가 아니라, 현금 흐름과 고정비 지출을 월 단위로 분석할 수 있도록 체계를 정비했다. 쓸데없는 보고, 무의미한 회의, 중복된 업무를 제거했다. 추가로 행정실과 병원 전반의 업무 과정을 개선하여 직원들의 업무 처리반으로 전락했던 행정 주 업무를 프로세스 개선 업무로 개편하였다.

• 2. 직원 선발 및 운용 원칙 수립

지역 내 구인·구직 현황을 조사하고, 경쟁 병원의 직원 현황과 이직 사유를 정리했다. 특히 내부 인력이 타 병원으로 빠져나가는 원인을 발견했고, 원내 순환근무 시스템의 문제를 찾고 개선하였다. 원래 순환 근무를 하던 이슈는 인원 부족이나 역량에 대한 이슈였는데, 순환 근무 차제의 이슈를 없애서 이탈을 최소화하였다.

• 3. 중간관리자 운영 체계 개선

외부 충원이 아닌 내부 역량 강화를 통해 리더십 공백을 해소했다. 기존 리더십 교육을 탈피해 실질적인 피드백 구조와 책임 위임 체계를 만들었다. 그리고 보고 체계를 개선하여 업무 보고에 대한 부담을 최소화하고 실제로 개선이 될 수 있는 회의 체계를 도입하여 보고보다 업무에 집중할 수 있도록 개선하였다.

• 4. 마케팅 구조 리빌딩

기존의 단편적 광고 구조에서 벗어나 CRM 기반의 환자 목적 로드맵을 설계했다. 환자의 '검색-초진-재진-클레임-충성고객'으로 이어지는 세부 여정을 시나리오화하여 프로세스를 개선하였다. 인하우스 구조를 개편하여 원내에서 처리해야 할 것과 외부 업체와 협업할 것을 명확히 구분하고, 전문적 도움을 받으며 내부에서는 프로모션에 집중할 수 있는 체계를 만들었다.

• 5. 업무 로드 최적화

'해야 할 일'과 '하지 않아도 되는 일'을 명확히 분리했다. 그중 '정보는 필요하지만 하지 않아도 되는 일'에 대해서는 프로세스를 개선하고 자동화 솔루션과 간단한 체크리스트 기반으로 대체하였다. 그럼에도 정보 누락이 발생하지 않도록 개선하였다.

• 6. 동기 부여와 조직문화

성과급은 뒤늦게 반응하는 인센티브다. 우리는 '즉각적 피드백'과 '업무 영향력 인식'을 중심으로 동기 유발 구조를 설계했다. 성취보다도 '성장'을 측정하는 기준을 도입해 장기근속자 비율을 끌어올렸다. 그리고 인센티브 구조와 동기 유발 구조를 분리하여 동기 유발을 돈으로 해결하려는 조직 문화에 변화를 주었다.

이 병원은 한 사람에게 요구하는 노동강도가 높은 곳이었다. 그래서 이곳에서 일한 인력은 업무적으로 뛰어난 사람이기는 하다. 그러나 문제는 양성한 인력들이 모두 타 병원으로 이탈한다는 점이었다.

"원장님 이 병원은 사관학교처럼 교육을 하네요. 그런데 사관학교의 문제는 졸업이죠. 결국 남 좋은 일만 잔뜩하시는 겁니다."

하지만 본질은 '졸업'에 있지 않았다. '회전 구조' 자체가 잘못된 것이었다. 우리는 내부 교육을 '배움'이 아니라 '경로'로 재정의했다. 정착형 인재와 이탈형 인재를 분류하고, 이탈형 인재는 빠르게 보내되 이탈의 원인이 되는 노동 강도를 낮추기 위해서 시스템을 자동화하고 신호 체계를 정비해서 영업 조직의 업무를 심플하게 바뀌었다.

또한 원장님의 인사 철학에도 개입했다. "병원은 직장이다. 열심히 해서 결과만 내면 된다"라는 철학은 직원들을 힘들게 만들었다. 어쩌면 군인 같은 느낌도 있었다. 물론 병원은 원장의 것이다. 그러나, 돈을 버는 것은 원장 혼자 하는 게 아니다. 결국 일이란 남을 나처럼 움직이게 하는 기술이 있는 자가 성과의 요체이다. 성격을 바꿀 수는 없으니 프로세스와 체계에서 접점을 최소화 했다. 아쉬울 수는 있으나 중요한 것은 성과이다.

이러한 일련의 작업들이 외부에 즉각 드러나지는 않았다. 그러나 내부의 결속은 매출보다 빠르게 변화했다. 퇴사율은 눈에 띄게 줄었고, 재직자의 만족도는 높아졌으며, 무엇보다 상담실의 전환율이 두 배로 증가했다. 이 병원은 더 이상 초조하지 않았고, 고객을 설득하지 않아도 되는 상태가 되었다. 상담사는 영업자이고 영업자는 절대 초조하면 성과가 나지 않는다.

프로세스를 개선하기 2년 전, 이 병원은 해당 시장의 3위의 병원이었다. 2024년, 이 병원은 2개의 지점을 더 오픈하고, 시장의 확실한 2위로 올라섰다. 규모가 커졌다고 끝이 아니다. 아직도 1위 병원은 존재하며, 이 병원은 여전히 '간절한' 상태를 유지하고 있다.

여기서 중요한 것은 전략의 총합이 아니라, 간절함의 농도다. 우리는 이 병원에 화려한 전략을 준 것이 아니다. 그들이 간절할 때 함께 뼈를 깎는 구조 조정을 해줬고, 내부의 문제를 '예산이나 인력구조의 탓'이 아니라 '시스템 문제'로 보도록 시선을 바꾸어줬다.

이 사례가 주는 교훈

1. 문제는 외부에 있지 않다. 내부의 질서를 새로 짜야 한다.
2. 마케팅은 상담실에 있다. 상담실과 모든 것이 유기적으로 연결이 되어야 성과가 난다.
3. 좋은 직원이 있는 게 아니라, 좋은 구조가 직원을 좋은 직원을 남기는 것이다.
4. 협업이 제일 중요한 가치이다.

그리고 우리는 이러한 성장을 디자인할 수 있는 역량을 갖추고 있다. 진짜 컨설팅은 내부에 '성장 논리'를 심는 것이다. 그것은 단순한 시스템 변경이 아니라, 병원이 스스로 더 나은 상태로 진화할 수 있도록 만드는 힘이다.

인하우스와의 바람직한 협업으로 140% 성장

2020년 봄, 코비드19의 대유행이 전 세계를 뒤덮었을 무렵이었다. 많은 병원들이 패닉에 빠졌다. 갑작스레 줄어든 내원자 수, 강화된 방역 조치, 홍보 채널의 급격한 변화. 그 혼돈의 한가운데서 필자의 회사 전화기에 치과 한 곳의 연락이 도착했다.

"지금 광고도 안 먹히고, 환자도 없고, 우리 병원 어떻게 해야 할까요?"

그 치과는 수도권 중심의 지역에 위치해 있었지만, 의외로 광고 성과는 저조했고, 유튜브 영상도 열심히 올렸지만 구독자는 820명, 최고 조회수도 3만을 넘지 못했다. 문제는 콘텐츠가 아니었다. 방향과 구조였다. 그 병원은 광고와 영상이라는 '도구'는 모두 갖추고 있었지만, 그 도구를 엮어줄 전략이 부재했다. 우리는 그 치과와의 첫 미팅에서 다음과 같은 세 가지 화두를 던졌다.

"치과의 콘텐츠에 대해서 어떤 것이 부족하다고 생각하시나요?"

"광고 예산의 퍼포먼스 구조는 어떻게 설계하고 계신가요?"

"인하우스의 광고 전략에서 제일 중요한 3가지는 무엇인가요?"

우리는 해당 병원과의 논의를 통해서 키워드 광고 전반과 영상 광고 전반에 대해서 협력을 하기로 하고 광고 전반을 철저히 분석했다. 광고 페이지, 문구, 예산 배분, 클릭당 단가, 전환율 등 모든 지표를 들여다본 결과 다음과 같은 문제점이 드러났다.

• 1. 지역 중요도 세분화 미비

전통적인 상권 중심 키워드만을 설정한 탓에, 유입 대비 전환율이 낮았다. 지역 내 세부 구역의 중요도를 나누지 않았기 때문에 '의외의 유효 상권'을 놓치고 있었다.

• 2. 광고 문구의 매칭 불일치

광고 문구가 단편적이었다. 진료 과목에만 집중한 나머지 소비자 입장에서의 '문제 인식 키워드'와 연결되지 않았다.

• 3. 총액 대비 클릭 수 불균형

클릭당 비용이 높아짐에도 불구하고 실제 유입은 저조했고, 전환으로 이어지는 흐름은 단절되어 있었다.

• 4. 파워콘텐츠 낙후

오랫동안 업데이트되지 않은 파워콘텐츠는 여전히 과거의 언어와 레이아웃을 사용하고 있었고, UI/UX 면에서도 경쟁 병원보다 밀렸다.

• 5. 유튜브 운영의 방향 상실

　영상은 많았지만, 소비자 니즈 중심의 기획이 아니라 병원 중심의 정보 나열에 가까웠다. '보여주기식' 영상만 계속 올라오고 있었던 것이다.

　이러한 문제를 해결하기 위해 우리는 3단계 전략을 도입했다.

• 1단계 : 전략적 진단과 리프레임

　가장 먼저 광고 전체의 퍼널을 재설계했다. 기존에는 상단 키워드 광고와 파워콘텐츠, 유튜브를 각각 따로 운영하고 있었다. 우리는 이들을 하나의 유기적 시퀀스로 묶었다. 구글 광고와 유튜브의 광고를 유기적으로 묶어서 드러나도록 하였다. 전환이 일어나도록 예산의 배분에 특히 신경을 썼다.

　또한 '증상 키워드 → 질환 키워드 → 병원 키워드'로 이어지는 검색 여정을 파악하여, 각각의 단계에 맞는 콘텐츠를 배치했다.

• 2단계 : 인하우스 협업 구조의 재편

　그 치과에는 영상 촬영을 도맡아 하던 직원이 있었다. 그러나 그 직원은 영상의 조회 수만을 KPI로 삼고 있었고, 실제 유입이나 전환과의 연결 구조를 이해하지 못하고 있었다. 우리는 인하우스 인력을 단순 '콘텐츠 생산자'에서 '콘텐츠 설계자'로 전환시켰다. 우리는 촬영을 하고 인하우스는 콘텐츠의 설계자가 된 것이다. 우리의 영상 파트는 생산자겸 조언자의 역할에 충실했다.

- 다양한 주제의 영상이 제작될 수 있도록 편집에 여러 변화를 주며
- 콘텐츠 제목, 설명란, 태그 등에 광고 문구와 동일한 키워드를 삽입하고,
- 주요 영상은 키워드 광고와 콘텐츠 광고에 혼합 적용하는 방식으로 활용도를 높였다.

• 3단계 : 콘텐츠 리디자인과 시나리오 설계

영상 중심의 콘텐츠를 '스토리텔링' 방식으로 전환했다. 예를 들어 "보철을 해야 하나요?"라는 영상 주제를 "나는 왜 보철이 두려웠을까?"로 전환했다. 이는 고객의 내면적 저항감을 건드릴 수 있는 형태로 변주한 것이다.

또한, 특정 증상을 가진 페르소나(예: 50대 중후반 남성, 임플란트 고민 중)를 설정하고, 콘텐츠 흐름을 그 페르소나의 일상적 의사결정 여정으로 시나리오화했다. 이 과정은 상담 프로세스와도 연결되어, 실제 내원 전후의 경험 디자인을 구체화하는 데 큰 도움이 되었다. 그리고 영상과 매칭이 되는 파워콘텐츠의 흐름을 재구성하였다.

○ 협업의 힘 : 140% 성장, 그리고 분점의 개설

코비드19의 시대가 끝나고 3개월이 지났을 무렵, 해당 치과의 유튜브 구독자는 10배 증가했고, 일부 콘텐츠는 30만 뷰를 돌파했다. 키워드 광고의 전환율은 2배 이상 증가했고, 상담 수락률도 높아졌다.

코로나19가 끝난 후 3개월이 지난 어느 날, 우리는 코비드 시점에 합류한 병원들에게 질문을 던졌다.

"코로나19 직전의 매출과 비교하면, 지금은 어떤가요?"

"호원앤컴퍼니 덕분에 매출이 140% 증가했습니다. 정말 감사합니다."

무엇보다 기뻤던 것은 이 치과가 분점을 하나 더 개설했다는 사실이다. 성장 그 자체보다도, 함께 성장의 구조를 설계했다는 것이 무엇보다 뿌듯했다.

이 병원의 성장은 단지 광고의 문제가 아니었다. 특정 광고 방향의 부재, 역할 설계의 미비, 성과에 대한 명확한 기준 부재가 병목을 만들고 있었던 것이다.

우리는 인하우스와 함께 방향과 전략을 공유했고, 성과의 척도를 함께 고민했다. 이로써 '업체'와 '클라이언트'의 관계를 넘어선 협력자적 동반자 관계로 전환되었다.

이 사례가 우리에게 알려주는 교훈은 단순하다.

- 도구보다 방향이 중요하다.
- 역할보다 '구조'가 중요하다.
- 결과를 추동하는 것은 여정의 디테일이다.

그리고 좋은 협업은 성장을 담보한다.

이전 개원 및 질환 플러스 전략으로 2배 성장

　수도권의 한 동네에 자리한 M한의원을 처음 만난 것은 기존 고객의 소개를 통해서였다. 진료 철학도 진지하고, 환자에 대한 태도도 좋은 원장이었기에 기대가 컸다. 월 평균 매출은 6천만 원에서 많을 때는 8천만 원까지도 나왔지만, 대부분은 6천 수준에 머물렀다. 문제는 그 매출 중 비급여의 비중이 너무 낮다는 것이었다.
　"비급여 매출을 늘리고 싶은데, 어떻게 해야 할까요?"
　처음 우리는 병원의 내부 상황을 점검하는 일부터 시작했다. 시스템, 직원의 응대 방식, 진료의 프로세스, 광고와 마케팅 구조까지 모두 살펴보았다. 그 결과, 직원들의 업무 수행 수준이 낮은 편이었다. 직원들은 성실했으나 원장의 지시에 잘 따를 뿐, 독자적으로 업무를 수행하는 능력은 매우 부족한 수준이었다. 외부로 향하는 메시지와 광고 전략은 다소 낙후되어 있었다. 특히 광고를 대행하는 업체의 방식이 효과가 떨어졌고, 새로운 시도에 대한 민감도 역시 낮았다. 무엇보다 광고 콘텐츠가 환자의 관점에서 와닿지 않았다.

그래서 1년간 기존 지역에서 마케팅을 재정비하고 다양한 시도를 했다. 바이럴 마케팅을 강화하고, 키워드 광고의 구조를 세분화했으며, 플레이스 지역 광고와 상위노출 전략으로 신환을 유입시키려 노력했다. 광고 콘텐츠의 퀄리티를 높이고, 환자의 경험 흐름을 분석하여 상담 흐름도 일부 조정했다. 하지만 결과는 기대에 미치지 못했다. 분명 초진은 증가했고, 비급여 매출도 늘었지만, 시장의 포화 상태와 경쟁 강도 속에서 한계를 절감해야 했다.

"이 시장은 비급여 매출을 올리기에 적합하지 않습니다. 급여 환자는 충분히 늘어날 수 있으나 그러면 진료를 하시기가 힘이 들 겁니다. 초기에 말씀 나눈 것처럼 이전 하시죠."

그렇게 새로운 지역을 찾기 위한 작업에 들어갔다. 지역을 선정하는 기준은 명확했다. 첫째, 인구 대비 한의원(질환 경쟁 병원도 추가) 수가 적을 것. 둘째, 지역 내 의료 소비력이 존재할 것. 셋째, 성장 가능성이 있는 지역일 것. 이를 위해 우리는 공개된 통계 자료는 물론, 숨겨진 데이터를 파악하기 위한 정보공개청구, 현장 방문, 부동산 동향, 부동산 실거래가 정보, 지역 개발계획, 주거지 구조 분석 등 다양한 방법을 동원했다. 시장을 정확히 파악하기 위해 다양한 방법을 동원하여 분석했다.

그 과정에서 몇 개의 후보지 중에서 원장 개인의 이슈를 포함한 성북구가 유력한 후보로 떠올랐다. 서울 내에서 비교적 저평가된 지역이었지만, 향후 개발 가능성과 주거지 밀집도, 경쟁 한의원 수, 연령 분포, 소비 성향 등을 종합적으로 분석했을 때 가능성이 충분했다. 우리는 성북구 내에서도 몇 개의 행정동으로 좁혔고, 분석에 필요한 데이터를 얻기 위해서 성북구에 요청하여 추가 정보를 확보하였다. 각 해당 시장에 대한 분석을 위해서 개발 및 변동 계획 등을 면밀하게 검토했다. 그렇게 최종 3개의 사이트가 선정이 되었다.

이 세개의 사이트를 비교하면서 주변의 경쟁 병원 및 한의원 등을 답사하고 모니터링 하였다. 실제 오프라인 상권과 지역을 답사하여 수집한 데이터를 바탕으로 질환에 대한 최종 분석이 필요했다.

어떤 질환을 중심으로 진료할 것인지도 핵심적인 전략 포인트인데, 우리는 온·오프라인 데이터와 광고 동향 등을 통해 성북구 내에서 검색량이 높고, 경쟁 가능성이 높은 질환 10가지를 선정했다. 그리고 원장의 진료 역량과 연결될 수 있는 질환군을 조합하여 최종적으로 소화기 질환을 선택했다. 위장 질환, 과민성대장증후군, 변비, 소화불량 등 비교적 넓은 영역에서 다양한 환자를 끌어올 수 있는 질환군이었다. 물론, 해당 질환은 경쟁이 가장 치열한 질환이다. 그러나 분석 결과 환자 수 대비 의료기관 수가 모자랐다. 이른바 경쟁 착시가 있었다.

지역을 정하고 질환을 정한 다음은 구조를 설계하는 일이다. 단순히 진료만 잘한다고 되는 것이 아니다. 내원 전 검색에서부터 병원 방문, 상담, 진료, 후속 관리까지 이어지는 전환 구조를 치밀하게 설계했다. 동선을 계획하고 그 동선을 기준으로 인테리어 기본 설계에 들어갔다. 질환 및 원장의 상향을 고려하여 협업 가능성이 높은 상담 실장을 채용하고, 교육을 통해 상담 퀄리티를 높였다.

고객 응대 프로세스를 설계하여 적용하고, CRM 시스템을 정비하여 환자와의 관계를 지속적으로 관리하는 구조를 처음부터 도입했다.

초기 몇 개월은 기존 사이트에서의 초진 수를 확보하는 데 집중했다. 이후 점차 급여와 비급여 환자의 비율이 맞추어지기 시작했고, 1년이 되어 갈 즈음에 평균 매출이 1억 원을 넘기기 시작했다. 그리고 2년 차가 되면서 매출은 1억 2천만 원을 안정적으로 기록했다.

기존 시장에서는 우수한 인력을 구하기 어려웠지만, 새롭게 진입한 지역에서는 인재 확보도 상대적으로 수월했다. 상담 실장이 안정적으로 정착하고, 조직에 활력이 생기면서 진료 외적인 부분에서도 안정감이 커졌다. 기존에는 매출에 대한 압박감과 성과에 대한 피로감이 있었지만, 이제는 구조적으로 매출이 올라가는 시스템이 갖추어지면서 진료에 더욱 집중할 수 있게 된 것이다.

물론 처음부터 이전을 했다면 시간을 아낄 수 있었을지 모르지만, 기존의 지역 환자를 놓치는 것이 쉬운 일은 아니다. 기존의 지역이 해당 의료기관의 모델 변화를 통해서 비급여 매출을 올릴 수 있는 지역인지 확인이 필요하다. 그리고, 해당 기관의 환자 수를 최대한 확보하여 이전 금액을 확보하는 것도 중요한 전략이다. 또한 새로운 질환을 선정하고 준비해 나가는 시간도 필요하다. 기존 지역에서 새로운 질환의 가능성이 있어서 이전 없이 매출을 달성할 수 있다면 그것이 최적이지만, 만약 그것이 어려운 시점이라면 이전을 통해서 새로운 장으로 넘어가는 것도 좋은 선택이다. 우리는 그런 선택에 있어서 좋은 파트너가 되도록 노력하겠다.

광고보다 마케팅 전략으로 성공한 한방 병원

"예전에는 지역에서 1등이었습니다. 그런데 요즘은 환자도 없고, 매출도 조금씩 떨어지고 있어요."

지역 내에서 상당한 인지도가 있던 한 한방병원에서 연락이 왔다. 과거에는 보약, 침구, 피부, 다이어트를 중심으로 한방 진료를 탄탄하게 이어오던 곳이었다. 시내 중심에서 병원을 직접 신축하며 변두리로 확장 이전한 것이 화근이었다. 입지는 단순한 '위치'가 아니었다. 고객의 이동 동선, 상권의 체류 시간, 타 브랜드와의 접점이 생태계를 구성하는데, 병원은 그 모든 것을 잃어버렸다.

더욱이 시대의 흐름은 보약 중심에서 미용과 비만을 거쳐, 다시 통합 헬스케어로 넘어가고 있었다. 중심 상권에서는 수많은 경쟁 병원이 공격적인 마케팅을 이어가고 있었고, 환자들의 선택지는 이미 차고 넘쳤다. 무엇보다 큰 문제는, 원장의 '의욕'이었다. 병원을 옮긴 이후, 점차 외부 활동도 줄고, 팀 내부의 에너지마저 말라

가고 있었다. 예전엔 매출 걱정을 해본 적 없던 병원이, 이젠 생존을 논해야 하는 상황이 되었다.

처음 컨설팅에 들어가면서 우리가 내린 진단은 단순했다. 병원은 '잊혀졌다'는 것. 변두리 입지는 문제가 아니었다. 애초에 환자는 위치가 아니라 '명분'에 반응한다. 좋은 컨셉과 설득력 있는 메시지, 그리고 신뢰를 줄 수 있는 경험 설계만 있다면, 어디서든 환자는 온다. 문제는 병원이 사람들의 인식에서 '빠졌다는 것'이었다.

우리는 병원을 다시 '기억의 지도' 위에 올려놓기 위해 다음과 같은 전략을 설계했다.

첫 번째 : 온라인을 중심으로, '낯섦'을 줄이는 설계

우선 온라인 영역부터 정비했다. 지역 기반 검색 노출을 극대화하고, 홈페이지 및 바이럴 콘텐츠의 방향성을 '한방의 현대화'로 맞췄다. 특히 보약에 대한 거부감을 줄이기 위해, 기존의 한약 제형이 아닌 새로운 패키지를 개발하여 젊은 층의 유입을 늘리기 위해서 대비했다.

초진 후 망설이는 환자들을 위해 후속 설계도 이어졌다. 보약 복용 후기 영상, 사례 인터뷰 콘텐츠, 비포 & 애프터 리포트 등을 환자 유형별로 구분하여 제작했다. 이를 통해, 병원에 대한 인식은 점차 '옛날 방식의 한방'이 아닌, '요즘 감각을 입은 한방'으로 바뀌기 시작했다.

두 번째 : 상담은 기술이 아니라 설계다

이 병원의 두번째 핵심 상품은 '비만'이었다. 그러나 상담실에서 진료 수락에 대한 클로징을 할때면 환자들은 우호적이지 않았다.

"너무 비싸요", "급하지 않은 것 같아요", "집에 가서 상의하고 올게요" 상담 실패의 본질은 구조적 문제였다.

우리는 '상담 시나리오 빌드업' 기법을 도입했다.

환자의 행동 단계를 세분화하고, 상담자가 각 지점마다 무엇을 제안하고 어떤 언어를 사용해야 하는지, 어떤 시각자료나 사례를 제시해야 하는지를 구조화했다. 그리고 상담자 교육은 '친절 교육'이 아니라, 결정 유도 프로세스 설계 교육으로 전환했다.

중요한 것은 '상담의 종착점'을 매출로 잡지 않았다는 것이다.

"첫 상담에서 바로 결정하지 않아도 됩니다. 일주일 패키지를 통해서 몸의 변화를 먼저 확인하고 최종 결정하세요."

결정을 망설이는 환자의 경우에는 일주일 패키지를 선택하게 해서 조금 더 유입한 상태에서 최종 결정을 유도하는 방식으로 변경하였다.

세 번째 : 상권 밖으로 나가 브랜드를 퍼뜨리다

위치는 상권의 핵심이 될 수 없다면, 상권의 중심으로 브랜드가 진입하면 된다고 생각했다. 지역 내 매칭 가능한 브랜드들과 협업을 시작했다. 지역의 서점, 건강 식당, 문화센터, 백화점과 함께 '건강한 삶' 캠페인을 기획했다. "몸과 마음의 균형", "건강한 식생활", "생활 속 면역력 관리"라는 테마로 포스터와 콘텐츠를 제작했고, 제휴처에 진열되거나 SNS 채널에서 노출되기 시작했다.

여기에는 큰 비용이 들지 않았다. 포스터, 전단지, 샘플 등은 병원 측에서 모두 제공했고, 제휴처들은 '브랜딩 효과'를 얻기 위해 자발적으로 참여했다. 병원이 주체가 되어 커뮤니티의 건강 문화를 선도하는 것이었다. 이 병원은 지역의 나름 유동 인구수가 있는 곳에 광고를 할 수 있는 기회를 캠페인을 통해서 얻게 되었다. 그렇게, 병원은 오프라인 중심 상권에서 다시 '눈에 띄는 존재'가 되었다.

1년이 지나도 매출은 드라마틱하게 반등이 없었다. 원장은 낙담했다. 그러나 우리는 "처음 1년은 심는 시간"이라며 흔들리지 않았다. 그리고 1년 반이 지나자, 초진 환자의 방문율이 높아졌고, 보약 매출이 조금씩 회복되기 시작했다. 2년이 되었을 즈음, 병원의 전체 매출은 과거 수준을 회복했고, 상담자의 성과 역시 눈에 띄게 향상되었다.

환자가 줄었다고 마케팅을 탓하기 쉽다. 그러나 이 병원의 회생은 전술의 문제 이전에, 구조의 전환이 결정적이었다. 온라인 노출, 상담 설계, 패키지 리뉴얼, 오프라인 브랜딩, 지역 연계 마케팅, 그리고 무엇보다 '끈기 있게 설계된 시간의 흐름'. 그 모든 것이 '기억 속에서 사라진 병원'을 '다시 말하게 되는 병원'으로 바꿔 놓은 것이다.

영상으로 초진 달성한 로컬들

5

    강남에 있는 한의원이다. 그런데 원장이 큰 규모를 원하는 것도 아니고 비용을 많이 쓰는 것을 원하는 것도 아니라서 굴곡이 많은 곳이다. 아무리 제안을 해도 돈이 많이 들어가는 것을 원하지 않는 한의원이다. 어느 정도 성과를 내다가 다시 하락하는 것을 반복하면서, 고민은 고민대로 계속 안고 가는 한의원이었다. 이 한의원과 마케팅을 오래 동안 진행했는데 그 동안 여러 가지 변화를 겪었고 네이버의 정책 변화에 따른 블로그 변화도 모두 겪은 터라 재미 있는 표현이기는 하지만 일면 역사적인 단면도 가지고 있다.

    이럴 경우 참 우리는 난감하다 이 기세를 몰아서 비용을 좀 더 쓰고 환자를 더 많이 가져오자 이런 이야기를 참 많이 했다. 그런데 또 이해가 가는 것이 매출이 오르면 비용도 같이 오르게 되고 직원 채용 등 고정비도 올라가기 때문에 여러 가지 고민을 하게 된다. 그래서 어떤 면에서는 안정적으로 계속 같은 매출과 수익이 보장되는 길을 고민하는 경우가 많다. 그런데 과연 그런 방법이 있는가? 과연 비용의 상승 없이 고정적인 매출과 수익을 보장해 줄 방법이 있는가? 키워드 단가는 경쟁으로 인해 매년 올라가고 대부분의 광고들도 단가가 오르고 있다. 과연 이런 환경 속에서 마케팅 비용 상승 없이 병원의 매출과 수익을 보장할 수 있는 방법이 있을까? 이런 고민에 대한 해답은 의외로 '영상'이라는 매체였다.

우리는 2015년부터 지속적으로 향후 마케팅 대응이라는 골자로 고민을 해 왔고 동영상 콘텐츠에 대한 고민을 지속해 왔다. 동영상 콘텐츠가 과연 유튜브라는 매체에서 정말 효율적인가에 대한 고민이었다. 날로 변화되는 매체 환경과 검색엔진의 정책 변화를 돌파할 수 있는 방법이 정말로 있는 것인가에 대한 고민은 한시도 우리를 떠나지 않는다. 이러한 고민의 결과 새로운 매체로 선택된 것이 동영상 콘텐츠다.

동영상은 기타 다른 콘텐츠와는 많이 다르다. 동적인 구성이기 때문에 일반 디자인보다 훨씬 유리하다. 정지된 화면은 아주 작은 변화에도 인간의 뇌가 민감하게 반응하기 때문에 뛰어난 디자인이 아니라면 촌스럽게 느끼기 마련이다. 그러나 동적인 화면은 다소 촌스럽거나 조금 떨어지는 퀄리티도 크게 불리하지는 않다. 물론 여기서 기준이 어느 것인가는 상대적이기 때문에 화질 좋은 카메라는 반드시 필요하다. 그러나 무조건 시도를 해 봐야 한다는 것에는 동의한다.

이 한의원에 동영상 광고를 제안했고 원장도 여기에 응했다. 이미 유튜브를 하고 있었기 때문에 크게 부정적인 것은 없었다. 우리는 기존에 영상 촬영을 하던 PD를 영입했다. 유명인들의 사진과 촬영을 하던 PD라서 초기에 불편해 하는 원장들을 서포트하고 긴장을 풀어주는 역량도 뛰어난 편이다. 원장의 특성을 살려서 영상 패턴을 변화하기 시작했다. 영상 하나에 조회수가 5,000명이 넘는 영상들이 속출하고 1,000,000명이 넘는 영상도 나오기 시작했다. 이 변화는 매우 획기적이었다. 1,000,000 뷰라는 것을 생각해 보면 이것은 Push 광고에 해당하는 것이다. 웬만한 배너 광고보다 효율이 더 좋을 수밖에 없다.[1]

일반 배너 광고의 경우 랜딩페이지를 붙여서 광고를 하지만 결국 보는 것은 사이트이다. 사이트가 우리에게 친절하게 말을 해주는 것도 아니고 그 사이트가 우리에게 친절하게 상담해 주는 것도 아니다. 그런데 영상은 나를 치료해 줄 사람이 어떤 사람인지 바로 알게 된다. 이것은 매우 전달력이 뛰어난 것이다. 어떤 원장인지, 이 원장의 실력을 어느 정도인지 가늠할 수도 있다. 어떤 광고보다 탁월한 전달력을 가져다주기 때문에 같은 수치라도 다른 결과를 만들 수 있다. 배너 몇 개 돌리는 효과를 낼 수 있다. 중요한 것은 이제 초진 걱정은 없다는 것이다.

한 치과는 매우 어린 원장이었다. 강남에 새로 오픈하는 치과였는데 초기에 시장 진입을 위해서 영상을 선택했다. 좋은 대학을 나온 것을 무기로 해서 질환보다는 재미 위주로 시작을 했다. 어떻게 공부를 하면 좋은지, 치과 의사들은 주로 어떤 고민을 하는지 등 이런 콘텐츠는 흥미를 유발해서 환자들을 많이 내원하게 하는 효과가 있었다. 구독자수는 3만 명 정도로 많지 않았으나 영상 조

---

[1] 2025년 현재, 구독자 수는 약 70만 명이며, 인기 영상 중에는 조회 수가 400만 회를 넘는 것도 있다.

회수는 40~50만 회를 넘는 영상도 많았다.

주로 병원의 경우에는 열심히 한다고 하더라도 구독자 수가 10만에 도달하는 경우가 많지는 않다. 그러나 영상 조회수의 경우에는 30~40만회를 넘는 경우가 많다. 그러다 보니 내원에 있어서 유튜브를 보고 왔다고 하는 환자가 적지 않다. 그리고 구글 광고 자체가 유튜브에도 노출이 되기 때문에 믹스를 하기에도 좋다고 볼 수 있다.

유형별로 정리를 해보자면 다음과 같다.

원장의 성향이 끼가 있고 재미가 있는 경우, 혹은 특이하거나 튄다는 말을 듣는 경우라면 구독자나 조회수를 늘리는데 유리하다. 일반적으로 좀 깨는 성격이라는 말을 듣는 경우일때 오히려 시청자들이 반응을 한다. 그러나 이것이 주변의 시각 때문에 꺼려하는 경향이 있다. "내가 이렇게 말해도 될까?" 하는 생각 때문에 주저하게 된다. 그러나 이런 부분을 넘어가서 주저하지 않고 영상을 내놓게 된다면, 이런 성향의 원장들은 영상만으로 초진을 채우는 것이 가능하다.

원장의 성향이 끼는 없고 점잖은 성향인 경우에는 위의 원장들과는 성격이 달라서 여러 가지 매체와 믹스를 하는 것이 좋다. 전술하였듯이 구글 등과 믹스를 할 경우 꾸준히만 영상을 만들어 낸다면 효과가 있다. 초진에 영향을 주는 매체로서 자리 잡을 수 있다. 구독자수는 적어도 몇 개의 영상에서 조회수가 폭발하는 순간이 오면 매체로서의 역할로서 기능을 하게 된다. 이럴 경우 가장 중요한 것은 '꾸준함'이다.

예산이 많지 않고 끼도 없는 경우라면 몇 개의 영상이라도 만들어서 올리는 것은 도움이 된다. 매체라는 것이 어떻게 활용하느냐에 따라서 성격이 달라진다고 말을 했었다. 여기에서의 역할은 원장이 어떤 사람인지 신뢰할 만한 사람인지를 가늠하게 해주는 역할을 할 수 있다. 어떤 상황에서도 충분히 역할을 할 수 있는 매체로 활용할 수 있다.

이런 말은 좀 꺼려지는데, 외모나 이미지 등도 경쟁력이라는 것을 부정할 수 없다. 이런 부분에서 불리하다고 생각이 된다면 영상이 오히려 역효과를 내는 경우도 있다. 판단은 스스로의 몫이다. 그러나 영상만 가지고 초진을 확보하는 경우도 생기고 있고, 매체로서 분명히 초진 확보에 도움이 되는 역할로 자리잡고 있다. 나에게 어떻게 활용할 것인지에 따라서 역할이 달라질 뿐이다.

Chapter. 7

10년간 원장들이 한 최고의 질문

병원 브랜딩이라는 것이 무엇인가요?

초판이 나오고 지난 10년 동안, 책을 읽고 연락이 오는 고객 중에서 이런 분들이 있었다.

"책을 정말 잘 봤어요. 그동안 내가 고민을 하던 내용이 많아서 집중해서 봤어요. 근데, 책에서 말하는 브랜딩이라는 것이 정말 인상적이더라고요. 근데, 병원 브랜딩이라는 것이 대체 뭔가요?"

"브랜딩은 광고비를 줄여 주는 것이죠."

"광고비가 줄어들 수도 있나요?"

이 질문은 최고의 질문이다. 브랜딩이라는 것은 모든 것의 결합체이기 때문이다. 그래서 개정판이 나오며 브랜딩이라는 것을 좀 상세하게 설명하고 싶었다.

브랜딩은 이름을 각인시키는 것이다. 이른바 최초 상기라 할 수 있지만, 요즘에는 '경험'이라는 표현이 더 적합하다.

예를 들어서 어떤 사람을 만나게 되면 편안함을 느끼거나 불편함을 느낄 수 있다.

"당신은 어떤 공간인가요?"라는 질문을 받았다고 하자.

그것은 "당신은 타인에게 어떤 느낌을 주는 사람입니까"와 비슷한 질문이다. 이처럼 브랜드도 어떤 인상을 남기게 된다. 브랜드라는 것은 고객에게 주는 인상의 총합이라고 할 수 있다.

브랜딩은 순간이 아니라 맥락이다

고객이 우리 병원을 인식하는 전 과정, 다시 말해 '고객 여정(Customer Journey)'의 모든 접점이 브랜드를 형성한다. 단지 로고나 병원 명칭, 인테리어 디자인만으로 브랜드가 구성되는 것이 아니다.

우선 접점이라는 것을 본다면 광고, 캠페인, 마케팅 페이지 - 전화, SMS - 접수 - 대기 - 진료 - 상담 - 수납 - 추가 통화 및 SMS, SNS 등이 있다.

이 접점에서 발생하는 사소한 것 하나하나가 인상을 형성한다.

'생일에 어떻게 문자를 보내는지', '환자를 소개해 준 환자에게는 어떤 사례를 하는지', 원내에서 발생하는 어떤 이슈와 내용으로 볼 때 우리는 어떤 병원이라고 말할 수 있는지 마케팅 캠페인 등으로 개발이 되어 외부로 발사가 되고 그런 부분들이 밸런스를 가지고 통제가 되는지를 확인할 필요가 있다.

브랜드는 우연히 만들어지는 것이 아니다. 모든 접점에서 일관되고 통일된 인상, 즉 균형 잡힌 커뮤니케이션과 체계적 메시지 관리가 병원의 '느낌'을 결정짓는다.

일관성이 곧 신뢰가 된다

마케팅이라는 것은 일관성을 가져야 한다. 그것이 브랜딩이라는 일관성이다. 예를 들어 '프로모션에 일관성이 있어야 한다고 해서 똑같은 프로모션을 한다?' 이런 말이 아니고, 일관된 가치관이라는 것이다.

가령 어떤 병원이 '합리성'을 브랜드로 삼고 있다면, 진료비, 상담 방식, 후속 관리, 프로모션 문구 모두 그 철학 안에서 움직여야 한다.

'친절함'을 브랜드의 핵심으로 삼고 있다면, 전화 한 통, 대기 시간의 안내, 표정, 진료 후 문구까지 그 감정의 결을 일관되게 유지해야 한다. 어떤 것을 의사결정할 때 각자의 기준을 가지고 있다. 브랜딩이라는 것은 '우리를 정의하는 고객의 경험'이라고 할 수 있다.

브랜딩은 기준이지만, 절대 불변의 것은 아니다. 표현이나 접근 방식에는 디자인이 필요하다. 한 명이 태어나서 성장을 하면서 변화를 하듯이 기준은 동일하더라도 표현이 달라질 수 있다. 그것도 세련되게 말이다.

즉, 브랜드의 철학은 유지하되, 언어와 시각의 표현 방식은 시장과 고객의 반응에 따라 조정될 수 있다. 이 '조정'은 방향을 잃는 것이 아니라, 세련된 방식으로 가치의 일관성을 전달하기 위한 전략이다.

브랜딩은 결국, 고객을 양산하는 시스템이다

이쯤 되면 다시 초반의 질문으로 돌아가야 한다.

"브랜딩은 어떻게 광고비를 낮추어 줄까?"

'결국 브랜딩은 자신에게 맞는 고객을 확산하는 목적을 갖고 시행을 하는 것이다.' 브랜딩이 잘 구축된 병원은 고객이 스스로 '이 병원은 나와 잘 맞는다'고 느끼게 한다. 그 말은, 환자가 우리 브랜드를 경험함에 있어서 동질감을 느끼는 것이며, 이는 광고의 설득 비용을 줄여주는 구조로 이어진다. 결국 인간은 자신을 좋은 사람이라고 인식하며 살아간다. 그렇다면 여기서 느끼는 동질감이라는 것은 이질감을 느끼는 인간의 자기 부정에서 오는 것일 수 있다.

'광고라는 것은 마케팅의 일종이고 마케팅의 목적은 브랜드 가치를 높이는 일이다.'

그래서 브랜딩은 광고보다 크다. 브랜딩은 고객을 유입시키는 '포스터'가 아니라, 고객이 병원을 경험하는 구조. 브랜딩이 튼튼한 병원은 잠재 고객이 병원에 도달했을 때 '이곳이 바로 나의 선택'이라는 확신을 갖게 한다. 그 확신이 바로 전환율이며, 재방문율이며, 고객이 자발적으로 전도사가 되어주는 충성도다.

'결국 브랜딩이라는 것은 우리가 원하는 고객을 양산하는 모든 시스템의 총합이다.' 이 모든 것은 기획, 설계, 실행, 평가를 통해 충분히 디자인할 수 있다는 점이 중요하다.

어떻게 하면 우수한 직원을 채용할 수 있나요?

"어떻게 하면 우수한 직원을 채용할 수 있나요?"

이 질문은 병원 경영자들이 가장 자주, 그리고 가장 절박하게 묻는 질문 중 하나다. 하지만 이 질문은 사실 두 개의 질문을 내포하고 있다. 우수한 직원을 채용하는 것과 우수한 직원을 유지하는 것. 이 둘은 전혀 다른 결의 문제이며, 각각의 질문에는 서로 다른 전략과 관점이 필요하다.

우수한 직원을 채용한다는 것은 단순히 '스펙이 좋은 사람'을 뽑는 것이 아니다. 우리 조직에 잘 맞는 사람, 함께 미래를 만들어 갈 수 있는 사람을 찾는 일이다. 이는 단순한 채용이 아니라, 문화의 문을 여는 일이다. 누구를 들이느냐에 따라 병원의 공기는 바뀌고, 에너지는 확산이 된다. 즉, 채용은 단지 한 사람을 뽑는 일이 아니라, 조직 전체의 흐름을 변경할 수 있는 이벤트이다.

"의인물용 용인물의(疑人勿用 用人勿疑)"는 《손자병법》에서 비롯

되고 후대에 공자 언행록의 영향을 받아서 완성된 문장이다. '의심되면 등용치 말고 등용했다면 의심치 말라'. 정말 간결하고 명확한 말이다. 구인은 의심하지 않을 사람을 뽑는 방법이라고 말할 수 있다. 그런 분석이나 측정을 위해서는 다양한 방법들이 있다.

 MBTI, DISC, 에니어그램 등등이 있는데, 우리는 환자 상담에 SQI의 성향 분석 방법을 활용해서 환자의 성향을 몇 분안에 파악하는 기법을 사용하고 직원을 선발할 때는 심리학에서 경험과 연구로 발전을 시킨 성격 5요인 모델(Big Five Personality Traits)[1]을 활용한다. 우리는 이 외에도 다양한 도구와 자원을 활용하여 지역의 구인 구직 시장을 분석하고 해당 병원에 맞는 전략을 설정한다.

 좋은 사람을 알아보기 위해서는 먼저 우리 조직이 '무엇을 중요하게 여기는가'를 명확히 해야 한다. 그것이 없으면, 능력 있는 사람을 뽑고도 '다른 이유'로 곧 그만두게 된다. 한 병원의 사례가 그렇다. 외형적으로는 탄탄한 경력을 가진 상담사를 채용했지만, 그 조직의 핵심 가치가 '의료 윤리와 환자 중심 커뮤니케이션'이었던 반면, 해당 직원은 효율과 성과 중심의 사고에 익숙해져 있었다. 갈등은 곧바로 조직 내 불협화음으로 나타났다.

 만약 혼자 시도해 보고 싶다면, 가장 중요한 원칙은 시간과 비

---

1) 성격의 5요인 이론은 인간의 성격을 다섯 차원으로 분류하는 특성이론으로, 어원적 접근법에서 기원한다. 1936년 올포트와 오드버트가 약 4,504개의 성격 묘사 단어를 추출했고, 1940년대 카텔은 16가지 성격 요인을, 아이젠크는 외향성과 신경증 축을 제안했다. 1961년 튜페스와 크리스탈이 다섯 가지 공통 요인을 제시했고, 1963년 노먼이 이를 현재의 용어(외향성, 성실성 등)로 정리하였다. 1970년대 미셸의 주장으로 침체기를 겪었으나, 1980년대에 다시 주목받았고, 코스타와 맥크레이가 1992년 NEO-PI-R 검사에서 5요인 모델을 완성한다. Big Five는 현대 심리학을 대표하는 성격 이론으로, 개인의 행복, 건강, 대인관계, 직업 성과 등을 예측하는 데 유용하다.

용을 아끼지 않고 좋은 사람을 선발하되, 비도덕적인 방법을 제외하고 가능한 모든 수단을 활용하는 것이다. 결국 일은 사람이 하는 것이다.

우수한 직원을 뽑는 것만큼이나 중요한 것은 '그들이 오래 다니게 만드는 것'이다. 그러나 여기서 많은 병원이 실수한다. 직원을 평가하는 기준을 명확히 하지 않은 채 감정과 인상에 의존한 의사결정을 하기 때문이다.

자기 객관화가 부족한 리더는 결국 인사와 조직 운영에서 반복적인 문제를 초래한다. 그래서 우리는 평가 시스템을 도입할 때 항상 말한다. "당신의 직감은 믿되, 기록으로 남기고, 지표로 검증하라."

어느 한 병원은 이를 위해 '경영진 제외 평가 시스템'을 도입했다. 직원 만족도 조사, 중간 관리자 피드백, 외부 평가를 통해 리더가 스스로 빠지더라도 조직이 사람을 평가할 수 있는 구조를 만들었다. 그렇게 하자, 비로소 직원 이탈률이 줄고, 내부 분위기가 정돈되기 시작했다.

하츠버그의 동기-위생이론에 따르면, 만족을 주는 요소와 불만을 유발하는 요소는 다르다. 돈은 불만을 줄일 수 있지만, 만족을 주지는 않는다.

한 병원은 복지 수준은 높았지만 직원들의 몰입도는 낮았고, 문제는 보상 구조가 '성과급'에만 의존하고 있었다. 우리는 그 병원에 '업무 성장 평가 시스템'을 도입했다. 직무에 대한 영향력, 업무의 자율성, 그리고 개인의 비전과의 연결성을 체크하는 구조였다. 그 결과, 직원들은 더 적극적으로 조직에 목소리를 내기 시작했고,

오히려 성과급 이외의 동기 유발 요인이 더 강력한 힘을 발휘했다. 이 병원은 1년 만에 직원 퇴사율이 34%에서 8%로 줄었다.

- 채용 공고부터 브랜딩 : 공고 문구에서부터 '일단 지원하고 싶다'는 흥미를 유발하라.
- 관찰 기반 면접 설계 : 말이 아닌 행동을 보라.
- 신입교육 + 직무 멘토링 : 한 달이 아니라 3개월을 설계하라.
- 성과보다 성장 평가 : 승진은 '성과+태도로 결정하라.

사람이 모든 것이다.

기술도, 장비도, 마케팅도, 응대도 결국은 '사람이 하는 일'이다.

병원 경영에서 가장 정밀한 전략은, 최고의 장비가 아니라 '최고의 사람을 뽑고 유지하는 눈과 손'이다.

인사는 단지 사람을 뽑는 일이 아니다. 우리가 함께 성장할 미래를 설계하는 일이 인사 전략의 본질이다. 그것이 가능할 때, 우리는 비로소 병원이라는 유기체를 진짜 '살아 움직이게' 만들 수 있다.

초진이 늘었다가 다시 떨어지는 이유는 무엇인가요?

Kaiser Permanente는 미국 최대 규모의 통합의료기관 중 하나로, '예방의학' 중심의 캠페인을 대대적으로 실행해 주목을 받은 바 있다. 2000년대 초, "Thrive"라는 슬로건으로 시작된 이 캠페인은 단순한 홍보를 넘어 생활 습관의 변화, 정기 검진의 확대, 환자 자율관리 시스템 구축 등 다방면에서 호응을 얻으며 예방 중심의 헬스케어 마케팅으로 성공 신화를 썼다. 그러나 몇 년 뒤, 효과는 점점 둔화되기 시작했다.

문제는 캠페인의 내용이나 방향이 아니라, 지속성이었다. 대중은 처음엔 뜨겁게 반응했지만 시간이 흐르며 무뎌졌고, 그 결과 초진 환자 증가율도 떨어졌다. Kaiser Permanente는 여기서 물러서지 않았다. 캠페인을 전면 리빌딩하며 데이터 기반으로 핵심 고객군을 재분석했고, 콘텐츠를 맞춤형으로 세분화하여 다시 상승세를 이끌어냈다. 이 경험은 우리에게 중요한 시사점을 준다. 어떤 마케팅도 영원한 상승 곡선을 그릴 수 없다는 것. 그리고 그 하락이 반드시 실패는 아니라는 것.

병원을 운영하며 초진이 갑자기 떨어졌다는 이야기를 종종 듣는다. "예전엔 하루에 ㅇㅇ명씩 오던 초진이, 어느 순간 ㅇ명 이하로 줄었습니다." 이유는 다양하지만, 그 근본에는 몇 가지 공통된 요인이 있다.

1. 사회적 충격과 위기 상황

전염병, 정치적 이슈, 경기침체, 혹은 지역 내 사건 등 사회적 충격이 발생하면 병원의 초진 수는 급감할 수 있다. 2020년 코비드19 초기, 호흡기 계열 진료과는 전국적으로 초진율이 절반 이상 감소했다. 이후 회복세를 보였으나, 같은 치과라도 특정 시기에는 오히려 하락을 경험하는 일이 반복됐다. 이처럼 사회 환경은 초진에 직접적 영향을 미친다. 그 어떤 캠페인도 외부 충격 앞에선 무력해질 수 있다. 이렇게 병원과 직접적인 이슈인 경우도 있으나 사회적 관심을 집중시키는 사건이 발생하면 유입 수와 초진 수는 감소한다. 사람들은 주의가 분산되는 일이 생기면 개인적인 문제에 둔감해진다.

2. 마케팅 피로와 메시지의 둔감화

마케팅도 반복되면 '시청각 피로'가 온다. 블로그, 광고, 영상이 일정한 톤과 문법으로 유지되면 소비자는 무의식 중에 '이미 본 것'으로 인식하고 반응하지 않는다. 처음엔 신선했던 메시지도, 어느 순간 배경 소음이 되어버린다. 바이럴 노출이 일정 수준을 넘어서면 반사적으로 차단된다는 연구도 있다. 마케팅의 '자기소진(Self-Burnout)' 현상이다.

3. 클레임 환자 한 명의 파급력

가장 주의해야 할 요인은 클레임 환자다. 제대로 대처하지 못하면 온라인 평판은 삽시간에 오염된다. 모든 채널을 모니터링했음에도 불구하고, 초진이 회복되지 않는 경우도 있다. 온라인과 관련된 이슈들은 모두 검색하여 차단할 수는 있으나, 확산되는 것까지 막을 수는 없다. 그 환자의 입도 막을 수 없다. 불신의 흔적은 검색 순위보다 강력한 설득력을 가진다.

4. 경쟁자의 새로운 등장

우리 병원이 광고를 강화하는 만큼, 경쟁 병원도 가만히 있지 않는다. 신규 개원, 신규 의사 영입, 고급 장비 도입 등의 요소가 결합되면 소비자의 '이동성'은 시간차 반응한다. 더 나아가 경쟁자의 마케팅이 진화하거나 구조화될 경우, 우리는 제자리인 것처럼 보이게 된다. 상대적으로 덜 빛나는 상황이 된 것이다.

초진이 하락한다고 해서 반드시 위기는 아니다. 오히려 시스템 점검의 기회다. 실제로 필자가 컨설팅한 병원 중에는 초진이 떨어진 직후, 구조적 리빌딩을 통해 더 크게 성장한 사례도 많다.

1. 마케팅 믹스 재설계

우선 사회적 충격이 일시적일 경우에는 관망이 답이지만, 장기화될 경우엔 마케팅 믹스의 구조조정이 필요하다. 푸시(Push) 광고의 비중을 유지하거나 낮추고, 풀(Pull) 콘텐츠를 고도화해야 한다. 클릭수는 최대한 유지를 하면서 순위를 하향 조정한다. 이런 시기에는 경쟁자가 더 많은 예산을 투입할 가능성이 높으며, 소비자의 반응은 사건이 종료되거나 종료될 조짐이 보일 때 변화한다. 가장 중요한 것은 예산을 낭비하지 않는 것이다.

2. 콘텐츠의 방향성과 난이도 조정

이 부분에서는 디자인의 개선이 제일 중요하다. 그러나 디자인에서 메시지가 잘 보이는지 항상 신경 써야 한다.

3. 클레임 대응의 전면 개선

클레임을 감정이 아닌 데이터로 보아야 한다. 어떤 문장이, 어떤 말투가, 어떤 타이밍에서 클레임으로 번지는지를 수집하고 분석해야 한다. 실제로 상담 프로세스를 재설계한 병원은 클레임률이 40% 감소했고, 클레임 후에도 초진 수의 변화가 적었다.

4. 경쟁 분석과 대응 전략

경쟁자의 광고 노출, 이벤트 빈도, 유튜브 영상 기획, 지역 커뮤니티 침투 여부 등은 반드시 체크해야 할 항목이다. 우리가 어떤 요소에서 우위인지, 혹은 뒤처지는지를 명확히 파악한 뒤, 예산 재편과 캠페인 리포지셔닝을 실행해야 한다. 때로는 진료 브랜딩의 메시지 자체를 바꾸는 과감함이 필요하다.

초진 수의 하락은 종말이 아니다. 오히려 그것은 고객의 이동성 변화이자, 경쟁 구도의 전환 신호이며, 우리 시스템의 재정비 필요성을 알리는 알람이다. 성공은 단발성 이벤트가 아니라, 반복적이고 꾸준한 리빌딩의 결과다. 진료의 질, 마케팅의 설계, 내부의 감정노동까지 모든 요소가 유기적으로 움직일 때, 초진은 다시 상승한다.

어떠한 마케팅도 영원한 성공을 보장하지 않는다. 끊임없는 혁신과 노력만이 배신하지 않는다.

에필로그

다시 앞으로 5~10년 후의 병원 마케팅은
어떻게 달라져야 할까?

　향후 5~10년 변화의 핵심 키워드는 '설득 체계의 강화'와 '콘텐츠의 차별화' 그리고 '관계의 변화'라는 세 가지다. 요즘 병원들이 "온라인 광고를 보고 온 환자들은 까다로워요"라는 말을 자주 하는 것은 당연하다. 현대 소비자들의 의사결정 구조가 바뀌면서 더 많이 비교 검토를 하게 되었다. 결국 소비자에 비해서 공급자가 지속적으로 많아지는 시장의 당연한 변화이고 온라인 광고를 검색하고 온 환자들은 소개를 받고 온 환자보다 더 많이 비교 검토를 하고 온 깐깐한 소비자들이다. 그리고 언제나 경제는 좋지 않다. 실제 좋지 않다기보다 위기론은 언제든 있다. 물가는 지속적으로 상승을 하고 경쟁은 늘 심각해지고 있다. 좋아지기보다 힘들어지기가 더 쉽다. 중산층이 줄고 상류층과 하류층으로 빠르게 재편되고 있는 시장 환경이 환자들의 의사결정을 더 까다롭게 만들고 있다.
　결국 까다로운 소비자는 의사결정 구조의 변화, 병원의 지속적인 증가로 인한 공급자 경쟁 강화, 국민의 가처분소득 하락 등으로 인하여 앞으로 더욱더 심화될 가능성이 높다. 병원은 이제 상담사가 아닌 영업사가 되어야 한다. 병원에 가만히 앉아서 점잖게 상담만 해주는 시대가 끝나고 적극적인 상담, 적극적인 설득이 필요한 시대로 넘어가고 있다. 그에 맞게 환자들을 잘 설득하고 순응도를 높일 수 있는 설득 체계가 반드시 필요하다. 그리고 그런 까다로운 소비자를 순응도 높게 만들기 위해서는 '어떻게 신뢰를 줄 것인가'에 대한 답변을 마케팅과 콘텐츠 그리고 마케팅 활동으로서 제공해야 한다.

우리나라는 마케팅 이론에 있어 매우 취약하다. 김위찬 교수나 장하준 교수가 쓴 책이 있긴 하지만, 이들은 외국 대학의 교수로서 책을 펴낸 사람들로 실제 우리나라의 환경에서 출발한 독자 이론이라고 볼 수 없다. 이는 국내에서 마케팅 이론을 생산할 전문 인력과 그에 맞는 토양이 부족하다는 뜻이다. 그래서 결국 미국이나 유럽에서 시작한 마케팅 흐름이 일본을 타고 우리나라에 들어오는 경향을 띤다. 아쉬운 일이지만 인정하고 받아들여야 한다.

현재 미국과 유럽 그리고 일본은 콘텐츠의 중요성이 날로 증가하고 있다. 우리나라와는 환경이 다소 다르지만 마케팅의 흐름은 대동소이하다. SEO, 키워드마케팅 모두 미국에서 시작되어 국내로 넘어온 것이다. 미국에서는 현재 홈페이지의 중요성이 크게 증가했고, 홈페이지에 얼마나 많은 글이 게재되어 있는가를 매우 중요시하고 있다. 국내 역시 홈페이지 관련법에서 웹 접근성이 강화되면서 이미지 위주의 홈페이지들이 텍스트 페이지로 개편되고 있다. 이러한 과정을 통해서 결국 텍스트의 중요성이 점점 강조될 것이다. 물론 우리나라는 인터넷 환경이 뛰어나 이미지 중심의 페이지도 여전히 경쟁력이 있다. 그러니 마케팅 페이지와 라이브 콘텐츠를 나누어서 구성하고 지속적으로 제공할 수 있는 마케팅 콘텐츠를 개발해야 한다.

앞으로 환자들은 지금보다 더 많은 콘텐츠와 정보를 요구하게 될 것이다. 그리고 그 병원의 진짜 정보가 선택의 기준이 될 날이 다가오고 있다.

얼마나 많은 환자를 치료했는지 환자들은 어떻게 느끼고 있는지 등에 대한 것들이 이제 중요해질 것이다. 결국 진짜 실력으로 승부해야 할 시점이 다가오고 있다. 그러나 착각해서는 안 된다. 아무리 진료를 잘한다고 해도 그것을 환자들에게 증명할 방법이 없다면 아무것도 하지 못하고 실패하게 될 것이다.

앞으로 미래를 좌우하게 될 또 하나는 '관계의 변화'이다. 충성 고객이라는 말로 잘 알려진 CRM이 왜 중요한지는 대략적으로 이해를 하고 있을 것이다. 그러나 충성 고객을 만들기 위해서 무엇이 필요한지는 잘 모를 것이다. 병원의 환자 상담 컨설팅을 진행하며 느끼는 점은, 병원의 상담실장들은 공감 능력이 떨어진다는 것이다. 상대방은 며칠을 고민하여 글을 썼을지도 모르는데, 답변은 건조하기 짝이 없는 멘트일 때가 많다. 현대의 환자들은 정서적인 교류에 목말라 있다. 현대 시대를 살아가는 우리는 모두 누군가와 마음을 나누고 싶어 한다. 마음을 나누는 일이 어렵고 상처를 받기 쉽다 보니 마음의 문을 닫았을 뿐, 자신에게 배려를 보여주는 사람을 외면하는 사람은 없다. 환자들이 올리는 글 하나 하나에 공감을 해서 어떤 마음으로 글을 남겼을지 생각하는 자세가 필요하다. 진정 공감하는 능력만이 고객을 오래도록 유지하게 해줄 것이다.

토론토 아동병원 SickKids는 모든 아동의 치료 관계에 대한 프로세스를 게임화하였다. 물리치료, 약물복용, 호흡기치료, 수술 준비 등의 과정을 모두 게임화하여 각 단계별로 과업을 수행하면 점수를 부여하고 보상을 지급함으로써 동기 부여를 통해 치료를 잘 받을 수 있도록 하는 체계를 개발하였다. 이것은 진료 프로세스 자체가 마케팅에 되는 체계를 만든 것이다. 마케팅이라는 행위는 프로세스를 통해서도 완성될 수 있다는 것을 보여주는 사례이다. 대부분의 마케팅이 최초 인식에 기반한 마케팅에 중심이 있다면 이러한 방법은 친구 인식에 기반한 마케팅이라고 해야 할 것이다. '치료만 잘하면 되지'라는 안일한 생각에서 벗어나, 환자가 치료 과정에서 편안함을 느낄 수 있도록 하는 고민의 결실이 바로 마케팅이다. 그 프로세스 자체가 마케팅이다. 충성 고객을 만드는 일, 전략, 마케팅 전술, 통합 인식 등 다양한 기법과 단어들이 나열될 수 있으나 공감이라는 정서만큼 강력한 무기는 없다.

　21세기에 인류는 모바일의 등장과 코비드19의 출현으로 인해서 거리의 물리적 격차와 간격이 줄어드는 매우 거대한 변화를 겪게 되었다. 환경 자체가 변한 것이다. 이런 변화에 민감하게 반응하고 열심히 공부하여 당신의 병원에 도입한다면 반드시 경쟁 병원을 이기고 브랜드 가치를 높일 수 있다. 초진 환자를 2배로 늘릴 수 있는 길이 지금 여기에 열려 있다.